ハヤカワ文庫 NF
〈NF517〉

「行動経済学」人生相談室

ダン・アリエリー
櫻井祐子訳

早川書房

8146

IRRATIONALLY YOURS

On Missing Socks, Pickup Lines, and Other Existential Puzzles

by

Dan Ariely

Translated by
Yuko Sakurai
Published 2018 in Japan by
HAYAKAWA PUBLISHING, INC.
This book is published in Japan by
arrangement with
LEVINE GREENBERG ROSTAN LITERARY AGENCY
through THE ENGLISH AGENCY (JAPAN) LTD.

挿絵／ William Haefeli

奇妙で複雑で美しい人間の性質に捧げる

目次

「行動経済学」人生相談室

はじめに

私の人生を合理的に解釈すると、こんなふうに説明できるかもしれない。私が人間の性質を観察し、省みることができるようになったのは、あのやけどと、今も続く後遺症のおかげだと。私は体表の七割にⅢ度熱傷を負ったせいで、三年ほどの入院生活を強いられ、ティーンエイジャーらしい生活を奪われ、日々強烈な痛みに苛《さいな》まれ、医療システムの機能不全にくり返し苦しめられた。また体の大部分にやけど跡が残ったために、人の集まる場では疎外感をもつようになった。こういう要因のせいで、人生というものをよりよく観察できるようになったし、またそれは社会科学を研究するきっかけにもなった（と私は合理的に解釈している）。

誤解しないでほしいんだが、私はケガをしてよかったなんてみじんも思っちゃいない。あれほどの痛みと惨めさに意味があっただなんて、とても思えない。それでも、ケガに伴う複雑な経験や、病院で過ごした時間、大きなやけど跡と障害を抱える生活があったからこそ、人生というものを、まるで顕微鏡で覗くように客観的に見られるようになった。そしてこの視点をとおして、人間の苦しみを観察できるようになった。これまで私は苦難を乗り越えて成功した人たちや、屈してしまった人たちを見てきた。ありとあらゆる医療措置を受け、人とのちょっと変わったやりとりを経験してきた。病床という、日常から離れたところにいたために、周りの人たちが普通の生活を送る様子を観察し、人間の習慣について考え、私たちの行動の裏にある理由についてあれこれ考えることができた。

退院してからもやけど跡や痛み、おかしな医療矯正装置、全身を覆う圧迫包帯のせいで、普通の生活から離れたところで暮らしているという感覚は消えなかった。それまであたりまえのように思っていた現実に再び足を踏み入れてからは、日常的な行動にも目を向けるようになり、私たちがどんなふうに買いものや車の運転、ボランティア、同僚とのつき合い、リスク行動、けんか、軽率なふるまいをするかといったことも考えるようになった。そしてもちろん、恋愛生活をつかさどる複雑なしくみに、いやでも気づかされた。

この視点をもって、私は心理学を学ぶようになった。まもなく私生活と研究生活が深く絡み合うようになった。痛みを和らげるためのプラセボ薬を投与された経験から、痛みを伴う治療に期待が与える影響を解明するための実験を行ったり、入院中に受けた嫌な診断を思い出して、患者に悪い知らせを伝える一番よい方法を考えようとした。個人と職業人の境界をまたぐテーマはほかにも多くあり、そうするうちに自分の意思決定や周りの人たちの行動について、多くのことを学んだ。これは今から二五年以上前のことで、それ以来私は自分の時間のほとんどをかけて、私たちがどういうところでまちがいを犯すのか、私たちの意思決定や行動を改善し、よりよい結果を得るにはどうすればよいのかに焦点をあてながら、人間の性質への理解を深めようとしてきた。

こういったテーマで何年も学術論文を書いていたが、そのうちに自分がどんな研究をしていて、それにどんな意味があるのかということを、もっと砕けた、あまりアカデミックでない方法で書き始めた。私の研究が、自分の苦しい経験をもとにしていると書いたからだと思うが、多くの読者がいろんな葛藤を打ち明けてくれるようになった。自分の経験が社会科学でどう解釈されているのかを知りたがる人もいたが、自分の抱える問題や意思決定に関する質問が大半を占めていた。

そして寄せられる多くの質問に答えるうちに、誰もが関心をもちそうな質問が交じっていることに気がついた。そういうわけで、二〇一二年にウォールストリート・ジャーナルのコラム「アスク・アリエリー（アリエリー先生に聞いてみよう）」という場で、一般的な質問に対する回答を、質問者の許しを得て公開し始めた。君がその手にもっているのが、そのコラムを加筆修正したものと、今回のために書き下ろした回答を集めた本だ。何より、才能豊かなウィリアム・ヘイフェリのすばらしい挿絵が、私の回答を深め、押し広げ、よりよいものにしてくれている。

紹介はここまで。この合理的解釈はさておき、私のアドバイスは果たして有益で、正確で、役に立つだろうか？　それは実際に読んで判断してもらおう。

不合理な君のダン・アリエリーより

人に頼まれると断れない

「そうしてみんなは、やることリストをすっかり片づけてから、
幸せに暮らしましたとさ」

親愛なるダンへ
　この間昇進してから、自分の仕事とまったく関係のないことを次から次へと頼まれるようになりました。同僚や会社全体のためにはたらくことが大切なのはわかっているけれど、そのせいで時間をとられて自分の仕事ができないんです。うまく優先順位をつけるにはどうしたらいいですか？

フランチェスカより

　これぞ成功の呪いだね。昇進は喜ばしいが、昇進したらしたで、いろんなお願いごとや煩わしいことが増えるのに気がつく（おかしな話だが、次に昇進するころにはそんなことはすっかり忘れていて、そのたびごとに煩わしさに驚かされるんだ）。
　質問に戻ろう。たぶん、君の新しい生活はこんな感じなんじゃないかな。毎日、気のいい同僚たちにいろんなお願いごとをされ、できることなら助けてあげたいと思う。それにそういう頼みごとは今すぐではなく、ずっと先、たとえばひと月後に何かをしてほしいというものが多い。君はまだスカスカのカレンダーを見て、自分にこういい聞かせる。「ひと月あとなら予定がガラ空きだし、断れるわけないじゃない？」。でも、それはまちがっている。実は予定が空いているんじゃなく、細かい予定がまだ決まっていないだけなんだ。

そしてその日が来ると、お願いごとの負担がなかったとしても、やるべきことがありすぎて手一杯の状態だ。そのとき初めて、引き受けるんじゃなかったと後悔する。

これはよくある問題だ。そこで、望ましい優先順位を守るための簡単な方法を三つ教えよう。

一つめとして、何か頼みごとをされるたびに、「来週だったらどうするか」と考えるんだ。その場合、君は予定表を見て、新しいお願いを入れるためにほかの約束をとり消すべきかどうか考えるよね。ほかの予定をとり消してでも時間をつくろうと思えるなら、引き受ければいい。でも、ほかの約束より優先するつもりがないなら、きっぱりノーといおう。

二つめの方法として、何か頼みごとをされたら、予定表を見てその日に動かせない予定が入っていた——たとえばその日は出張だった——と想像してみる。そのとき、君はどう感じるだろう？　残念だと感じるなら、頼みごとを引き受ければいいし、逆に引き受けられなくてホッとするなら、断ってしまおう。

最後の方法として、英語のなかでもとびきりすてきな言葉を使う練習をしてみよう。それは「キャンセル・エレーション」、つまり何かがキャンセルされたときに感じる高揚感《エレーション》だ［「キャンセレーションにかけている」］。このツールを使うには、いったん頼みごとを引き受けたあとで、それがキャンセルになったと想像するだけでいい。もし喜びを感じるなら、それがキャンセル・エレーションだ。その場合、どうすればいいかはわかっているね？

KEYWORDS
職場　意思決定　長期的思考

就職する前に冒険してみたいけど

親愛なるダンへ

来年大学を卒業するんだけど、いつかスペインで英語を教えるのが私の夢よ。スペイン経済は停滞しているけれど、需要はまだあるはず。でも、今行くべきかどうかで迷っているの。就職して家庭をもつようになったらできそうにない、忘れられない経験になるのはわかっていても、家庭をもつまでにキャリアを軌道に乗せるという計画には出遅れてしまう。「本当の人生」の始まりを遅らせてでも、この経験をする価値はあるかしら？

ガブリエラより

問題は、いつキャリアを始めるかじゃない。君のキャリアはしばらく前からもう始まっている。君が本当に知りたいのは、「今歩んでいる道で、次にとるべき最善のステップは何か」ということだね。

私は大学院を卒業するとき、研究者としての最初の就職先にどの大学を選ぶべきかを、指導教授のジブ・カーモンに相談した。教授は、五年過ごしたら今とまったくちがう人間になれそうなところに行きなさいといった。人生は学習と向上の積み重ねだから、まだ融通の利く今のうちに（私には当時まだ妻も子もいなかった）、自分の開発と成長に次の五年間を投資するべきだと。私は彼の助言を胸に、それまで学んできたことからいってぴったりとはいえない大学のポジションをあえて引き受けた。おかげでその後の数年間で新しいことを多く学び、研究対象を大幅に変更し、研究者としても教師としても大きく成長することができた。人間的にも少し成長したような気さえしている（歳をとっただけかもしれないけどね）。

私はそれ以来、若い時代はできるだけ経験を積んで教訓を学び、長くて先の見えない人生を生き抜く準備をする機会だと考えるようになった。もちろん、将来の自分にどんな教訓や経験が役立ちそうかを予測するのは難しいが、多くの経験やスキルを積めば、きっとそのなかにとても役立つものがあるはずだ。君もスペイン行きを、「将来の利益のために今の時間を投資する」というふうに考えるといいよ。今まく種がこの先何年にもわたって大きな実を結ぶ可能性があるんだから、私なら迷わず行ってみるな。

KEYWORDS　職場　教育　長期的思考

転職したら幸せになれる？

「ニューヨークを離れたら自分がどんな人間になってしまうかを考えると怖いよ」

親愛なるダンへ

僕は仕事をやめるべきかどうか迷っている。今の仕事には全体的に不満だけど、もう八年も勤めている会社だ。実際的、経済的な理由からも続けた方がいいんだろう。ストックオプションや手当を含め、報酬はいいし、年に数週間の休暇に、年金まである。それに新しい仕事で再出発するのは不安も大きいし、今より満足できるかどうかもわからないしね。勝手がわかってる今の仕事を続けた方がいいのか、新天地で充実感を求めるべきなのか、アドバイスをもらえないかな？

KPより

君が本当に考えるべきなのは、「不満の根っこは何か」ということだ。君の不満の原因は自分にあるのか、それとも今の仕事にあるんだろうか？　仕事が不満の原因なら、転職すればよりよい未来に近づける。でも惨めな気もちの原因が君自身にあるなら、転職しても無駄だ。「どこに行っても君は君」とことわざにいうように、職場を移っても惨めな気もちは変わらないよ。

というわけで、どっちだろう？　これを判別するのは難しいし、とくに君の場合は同じ仕事を何年も続けていて、ちがう状況でちがう仕事をしたらどうなるかを裏づける証拠がないから、なおさら難しい（ちなみに恋愛関係でも同じような疑問をもつことがあるね）。

難しいということをふまえたうえで、君にはこんなアドバイスをしたい。今度休暇（たとえば三週間ほど）をとって、君が転職を検討しているタイプの会社でボランティアをするといい。かなり長い試行期間を勧めていることに気がついたかな。最初の目新しさが消えたときにその仕事がどう感じられるかは、時間をかけないとよくわからないからだ。もちろん、ボランティアとして数週間はたらいても、その会社で長く勤めたらどんな感じがするかは本当にはわからないが、今仕事で喜びを感じられないことの根本原因がどこにあるかはわかってくるんじゃないかな。試行期間が終わるころには、不満の原因が今の仕事にあるのか、自分にあるのかがはっきりするはずだ。

それからもう一つ。もし今の仕事にとどまるべきか、転職すべきかを考えるのに三週間の休暇を費やすのはもったいないと思うなら、たぶん君はそこまで不満を感じていないから、愚痴をいうのはやめてそこではたらき続けた方がいいよ。

＊＊＊

親愛なるダンへ

息子は一八歳だった一七年前、クーパーユニオン大学で美術を学ぶために、単身ニューヨークに引っ越しました。彼は今三五歳ですが、ニューヨークを離れるのをためらっています。ニューヨークの生活は好きじゃないから、西海岸で私たちと一緒に暮らし、写真家として技術を（できればキャリアも）確立したいと、息子はいます。でも周りの人たちにはまったくちがうことを勧められているようなんです。ニューヨークの住民は、生活し、仕事に就くならニューヨークが一番と信じているようじゃありませんか。ニューヨークでは芽が出ないから西海岸に引っ越すべきだと息子にわからせるのに、何かアドバイスやうまい方法はないでしょうか？

バーバラより

最初にいっておくと、あなたが息子さんに東海岸にいるより近くに引っ越してほしいと望むのは、すてきなことだし、きっと彼もそう思っているだろう。

引っ越すべきかどうかに関して、彼は三種類の「意思決定バイアス」に悩まされていると思う。一つめは「授かり効果」。これは、今の状況を基準にして、それ以外のどんな選択肢も、現状からのネガティブな変化ととらえてしまう傾向をいう。息子さんの場合、NYから西海岸に引っ越すことにはメリット（気候がよい、親と暮らせるなど）とデメリット（人が少ない、画廊が少ないなど）があるが、授かり効果のせいで手放すものにとらわれ、西海岸に引っ越せば手に入るはずのものに十分目が向かないんじゃないかな。

二つめが「現状維持バイアス」だ。現状を維持する決定は、現状を変える決定とまったくちがうように感じられる。君たちは針路を変えるか、今の針路にとどまるかという決定を毎秒下しているのだから、自分の行動をいつも能動的な選択としてとらえなくてはいけないと。でも残念なことに、自分の決定をそんなふうに考える人はほとんどいない。引っ越す、結婚する、転職する、といったことは決定と見なすのに、同じ場所にとどまる、独身のままでいる、今の仕事を続けるといったことは決定だと思わないか、少なくとも同じくらい重大な決定だとは思わないんだね。

意思決定にまつわる三つめのバイアスは、「不変性バイアス」だ。私たちは、いったん決めてしまうと二度と変更できないように思われる重大な決定（結婚する、子どもをつくる、遠くに引っ越すなど）を迫られると、その永続性におじけづいて、よけい重大で手ごわいように感じる。しかも、そうした決定は後悔の余地も大きいんだ。

この三つのバイアスが組み合わさっているのだから、息子さんが西海岸への引っ越しをためらうのは至極当然のことだ。そこで考えるべきは、彼にこの決定を下させるために、どんなあと押しができるかだ。私なら引っ越しを「六カ月のトライアル」といい換えてみるな。この視点に立てば、息子さんは引っ越しをしたつもりもなく（だから損失もない）、現状を変えたつもりもない（自分は一時的に西海岸を経験しているニューヨーカーだと考える）から、西海岸に暮らすという決定は、それほど重大で手ごわく思えない。でももちろん、いったん西海岸に来てみれば見方はガラッと変わる。すぐにくつろいだ気分になり、新しい環境に慣れて新しい現状を確立するはずだ。そしてその視点に立てば、西海岸に暮らしているという現状からのどんな変化も、重大で後悔の余地の大きい決定に思われるだろう。

KEYWORDS　職場　実験　幸福　バイアス

レベルの低い環境で一番を目指す？

〜同窓生ニュース〜「同級生に引け目を感じたくないなら、一流大学なんかに行かなきゃよかったのに」

親愛なるダンへ

僕はハイテク業界ではたらいているが、出世できそうにない。親友は警察官で、しょっちゅう昇進しているよ。それは彼のスキルが高いからというより、そこではたらく人たちの質が低いからだそうだ。華やかな職場で昇進できずにくすぶっているより、凡庸な同僚のなかで一番になれるような仕事を選んだ方がいいんだろうか？

デイビッドより

君の質問は一般的にいうと、キャリアを前進させ、成長しているという実感から得られる喜びと関係がある。自分が進歩しているという感覚をもつことは、幸せでいるためにとても大切なことだし、満足度や自尊心、同僚からの評価にもつながるんだ。

多くの企業が管理職のためのさまざまな肩書きや中間的な役職（責任者、担当役員、主任、部長、副部長、副ＣＥＯ、等々）を設けているのも、前進しているという実感の必要性が広く認識されていることの表れだ。企業はゲームの要素をもりこむことで、従業員に進歩、前進していると感じさせたいんだ――たとえその一歩一歩にそれほど意味がなかったとしてもね。

これまでこの傾向は、幹部候補の社員にしか関係がなかった。昔はエンジニアといえば、給料が上がり責任が増えてもエンジニアのままだった。でもやがて企業は、組織内のあらゆる部署に新しい肩書きを設けるようになった。今では業種にかかわらずほとんどの企業が、肩書き競争で前進しているという実感を全従業員に与えるための肩書きを用意している（この点では、学術界はまちがいなく先を行っているね）。

前進しているという実感の美しさ、わかりやすさ、心地よさを考えると、今の仕事をやめて、あまり優秀でない同僚のいる職場に移ろうとする前に、新しい役職への昇進を得られないか、あるいは自分で新しい役職をつくれないかどうか、試してみる価値はあるよ。上司に相談して、責任を増やしてもらえないか、名刺に新しい肩書きを載せていいかどうか聞いてみよう。肩書きが変われば、君の努力に見合った達成感を得られるんじゃないかな。

この方法がだめなら、いろんな人に話を聞いてみたり、君の警官の友人ほど仕事で成功していない人と友だちになるのもいいだろう。そういう人たちと比べれば、自分がかなり成功していることがわかって、慰められるかもしれないよ。

KEYWORDS　職場　比較　目標

なぜ外部の人材の方が評価される？

「今後のためにいっといてあげるけど、自分の悩みをペラペラしゃべるのは三回めか四回めのデートまで待ちなさい」

親愛なるダンへ

人事では外から迎える人材の方が、社内で昇進した人材より歓迎されるんだろうか?

ジョンより

私がしばらく前にジーナ・フロストとマイク・ノートンと行った研究では、デート相手に関していえば、相手のことを知れば知るほど、恋愛感情は高まるどころかむしろ薄れるという結果が出た。簡単にいうと、恋人候補のことをほとんど知らないとき、私たちは想像をはたらかせて楽観的すぎる方法で情報の欠落を埋めるが(たとえば相手が音楽好きとしか知らなければ、一七世紀のバロック音楽じゃなく、自分の好きなタイプの音楽が好きにちがいないと思い込む)、その後実際に会ってお茶するうちに、過大な期待が砕け散るってわけだ。また不思議なことに、失望は何度もくり返されることがわかった。オンラインデート愛好者は失敗から学ばず、楽観的すぎる期待を抑えないようだね。

恋愛の領域で得られる教訓の多くは、生活のほかの面にもあてはまる。人を雇う場合もそうだ。外から招かれたCEOは、生え抜きのCEOに比べて高い報酬を得るが、実績はむしろ低いことを示す証拠がいくつかあがっている。この場合も情報不足のせいで、期待がむやみに高まるのが原因なんじゃないかな。相手をよく知らないと、楽観的すぎる期待で情報の欠落を埋めて、すばらしい能力を秘めているはずだと思い込むから、割高な報酬を払って雇うことが多い。でもことCEOの雇用にかけては、いい加減な期待をもとに行動することの代償は、一時間とお茶一杯よりずっと高くつく。

KEYWORDS　**職場　恋愛　予測**

職場のホッチキスが消えない方法

「あなたが自分について嘘をつくのは、実際よりも正規分布曲線《ベルカーブ》の中央に近いふりをしたいからですか、それとも遠いふりをするため？」

親愛なるダンへ

僕は先生の「ずる」に関する実験を友人に教えました。人は休憩室からソーダやクッキーは平気で盗んでも、それと同等の現金を盗むことは躊躇するってやつです。すると友人はこんな話をしてくれました。彼の職場では、ホッチキスやセロテープ台みたいなものがしょっちゅうデスクからなくなっていたんだそうです。そこで備品の一つひとつに二五セント硬貨を貼りつけたところ、コインを貼りつけたものは過去五年間一つも盗まれていないとか。これは先生の研究結果と一致しますか？

トニーより

そう、そのとおり。人は自分の不正な行いの多くを正当化できる。またそうした行いと現金との距離が遠ければ遠いほど、正当化しやすいんだ。

君の友人は事務用品にお金を貼りつけることによって、「事務用品を借りっぱなしで返さないのは、単にモノだけの問題じゃなく、現金を盗むのと同じだ」ということをはっきり示した。問題をこうとらえ直すことで、その行いを道徳的に問題のあることだと、泥棒予備軍に示すことができたんだね。

この法則を職場に応用するというアイデアが気に入ったよ。株券などの金融商品にも二五セント玉を貼りつけられたら、世界はよりよい場所になるんじゃないかな。

KEYWORDS　誠実さ　お金　職場

会議中のマルチタスクはバレない？

「あたしと電話しながらマルチタスクしてるんじゃないでしょうね？」

親愛なるダンへ

いつもスカイプやグーグルハングアウト（ビデオ通話）の下らないテレビ会議に、かなりの時間をとられています。いつもその時間を利用してメールに返信しているんですが、誰にも見られないようにカメラをオフにして、音も聞かれないようにとても静かにタイプしています。でもキーボードを叩く音が端末の振動を通じて伝わるようで、私が会議に集中していないことをみんなが知っているんじゃないかと不安です。何かアドバイスはありますか？

クリステンより

君は状況がよくわかっていないようだね。みんな自分のキーボードの音がうるさくて、君がタイプしていることになんか気づいちゃいないよ。それでも誰かに聞かれるのが心配なら、タブレットを手に入れるんだね。

KEYWORDS　注意　テクノロジー　職場

作業時間が三倍に増えたのに喜ばれた

親愛なるダンへ

社会人になって間もないころ、僕は勤めていた大手銀行でエクセルの巨大なマクロ（エクセルで行う作業を自動化するプログラム）をつくりました。大量のデータを分析して、きれいなレポートに仕上げるマクロです。分析とレポート作成には二分ほどかかるため、その間砂時計を表示して、マクロを実行中だとわかるようにしていました。レポートはとても重宝されましたが、マクロが遅すぎると散々文句をいわれました。

マクロの進みを速めるには、画面に砂時計だけを表示して、背景で見えないようにマクロを走らせる方法があります。最初はこのやり方だったんですが、その後おもしろいかなと思って、実行中の処理を見られるように設定を変えてみました。こうすると、データがスライスされたり、データベースのいろんな部分の色が変わったり、ヘッダーのタイトルやグラフが作成される様子が、ビデオの早回しを見ているように見えるんです。でも一つだけ問題があって、そのせいでマクロの実行に前の三倍ほど時間がかかるようになりました。

ところがびっくり、マクロがどんなに速くてすばらしいかを、みんなが口々にほめてくれるようになったんです。どうしてなのか、合理的に説明してもらえませんか?

マイクより

合理的かどうかはわからないが、論理的に説明してみよう。君がわかりやすく教えてくれた現象には、二つの要素がある。一つは、人は何かをぼんやり待っていると時間を無駄にしている気がして、時が経つのを苦痛に感じるということ。つまり君の同僚たちにとって、マクロが終わるのをぼーっと待ちながら過ごすのは、何かをしながら過ごすよりずっと苦痛が大きかったんだね。二つめの要素として、誰かが自分のためにはたらいているのを見ると、とてもいい気分になるということ。一生懸命はたらいているときはとくにそうだ。ここでのポイントは、私たちは仕事から得られるアウトプットの質を直接評価するのは苦手でも、こと労力に関しては自分から進んで、自然に評価するということだ。そしておもしろいことに、誰かが自分のために一生懸命はたらいてくれる喜びは、人間だけでなく、コンピュータの計算にもあてはまるんだ。

この経験から得た教訓を一般化して、いろんな仕事に活かせるといいね。それに人間の性質に関するこの発見をふまえて、これからも同僚たちにテクノロジーのはたらきを見せつけるといい。

またこの教訓は職場だけでなく、私生活にもあてはまるはずだ。あなたのためにこんなにがんばっているんですよと、いつも周りにアピールするといいよ。

KEYWORDS　職場　労力　評価

これってコンサル流のトーク術？

親愛なるダンへ
なぜコンサルタントはいつも問題や解決策を三つのポイントに分けて説明するの？

アリスより

コンサルタントは回答するとき、答えを単純にすることと、隙のない完結した答えだと思わせることの間で微妙なバランスをとろうとする。たぶんポイントを三つ挙げることで、そのバランスをとっているんだろう。

KEYWORDS　コミュニケーション　評価　意思決定

告げ口したら嫌われた

親愛なるダンへ

私はある大企業の事件を内部告発した者です。真実を話したことで激しい批判にさらされ、社会的に疎外されたことにショックを受けています。世間は内部告発者の何が気に入らなくてのけ者にするんでしょう? どんなご意見やご指南も歓迎します。

ウェンディより

私の理解では、君のように激しい反発を受けるのは、内部告発者にとてもよくあることのようだね。

君の質問について考えているうちに、私はなぜ自分の子ども(九歳と一二歳)に、権威のある人(親)に頼らず、自力で問題を解決してほしいと思っているのだろうと考え始めた。どういうわけか私は、わが子がする場合を含め、告げ口というものをとても否定的に見ている。もちろん、ときには子どもたちが何かに対して正当な不満を感じ、権威ある人の手を借りなくてはならないこともあるだろう。でも私は告げ口が嫌いだから、子どもたちだけで問題を解決させるためなら、家庭内の正義を多少曲げてもいいとさえ思っている。

内部告発者はたぶん、問題が起こったときに外部の権威に頼ろうとしたせいで、友人や同僚に社会組織のはずれ者扱いされるようになったんじゃないかな。もしかすると君が社会的に疎外されているのは、この先問題が起こったときに、また外部の権威に助けを求めるだろうと思われているせいかもしれない。君がトム・ソーヤーなら、結束や忠誠の証に、みんなで手を切って血を混ぜ合わせてもいいが、君たちの年齢・社会集団にはこのやり方は通用しなさそうだ。君の会社への献身を証明し、結びつきを固めるような儀式を見つけるといいかもしれないよ。

KEYWORDS　職場　家族　ルール

落第しそうな学生がすべきこと

親愛なるダンへ
長年教壇に立っている大学教授として、新年度を始める学生に何かアドバイスはありますか?

ピーターより

簡単だ。家族との連絡を——とくに祖父母との連絡を一切絶つことだね。
理由を説明しよう。ほとんどの教授が気づいていることだが、学生の家族、とくに祖母は、試験の直前に亡くなることが多いんだ。この問題を研究者ならではの厳密さをもって(かつ研究者にしか許されないほどの時間をかけて)調査したのが、イースタン・コネチカット州立大学生物学教授のマイク・アダムズだ。彼は何年分ものデータを収集して、学生の祖母の死亡率が中間試験の直前は通常の一〇倍、期末試験の直前には一九倍に跳ね上がると結論づけた。学業不振の学生の祖母はさらにリスクが高く、落第しそうな学生が最悪だった。彼らの祖母は及第しそうな学生の祖母に比べて、死亡率がなんと五〇倍も高かったんだからね。

この結果を単純に説明するなら、学生は祖母に学業の苦悩を打ち明け、気の毒な老婦人はつらい話に耐えられずに亡くなってしまったにちがいない。このもっともな説に立てば、公共の秩序という点からいって、学生、とくに落第しそうな学生は、試験の時期や学業成績を親戚に明かしてはいけない、ということになる（可能性は低いが別の説明として、学生が嘘をついているということもあり得るが、まさかそんなことはあるまい）。

まじめな話、健康で幸せでいるためには、人との関係をどんなときでも大切にしなくてはならない。そして人との絆を深めることは、人生のどの段階にいる誰にとっても賢明な目標だね。

KEYWORDS　家族　先延ばし　道徳性

好きな先生と苦手な先生がいる

「注意持続時間の短い順に並んでくださーい」

親愛なるダンへ

僕は中学生で、学校では大好きな科目が一つと、大嫌いな科目が一つあるんだ。それから大好きな先生が一人と、苦手な先生が一人いる。そこで質問なんだけど、大好きな先生に大好きな科目を教わって、苦手な先生に大嫌いな科目を教わった方がいいのかな、それとも大好きな先生に大嫌いな科目を、苦手な先生に大好きな科目を教わるのがいい？

アミットより

君が尋ねているのは、実は喜びと苦しみの積み重ねのことだね。ここではとりあえず、二つのよいもの同士、二つの悪いもの同士を組み合わせる方法を「極端な方式」（一方の授業がとてもよく、もう一方がとてもひどくなるから）と呼び、よいものと悪いものを組み合わせる方法を「平均的な方式」（どっちの授業にもよい面と悪い面があるから）と呼ぼう。

もし君が、経験の組み合わせには非対称な性質がある、つまりよい経験はよければよいほど楽しめるが、ひどい経験はどんなにひどくても同じだと思うなら、極端な方式がお勧めだ。これなら楽しめる授業を少なくとも一つは確保できるからね。たしかにまったく楽しめない授業も一つできるが、ひどい授業はいくらひどくても同じだと思うなら、君には極端な方式が合っている。

これとまったくちがう考え方は、極端にひどい経験に耐える能力と関係がある。もしも苦手な先生に嫌いな科目を教わる授業が耐えられそうになく、苦しみが積み重なることで気が滅入り、つらすぎて一学期間ずっと暗い気もちで過ごすことになりそうなら、平均的な方式がお勧めだ。

私としては、君に好きな先生と好きな科目があって嬉しいよ。これからも学校が楽しくワクワクする場所だと思ってほしい。君はこれから何年もの間学校教育を受け、そのあともほかのいろんな方法で学び続けるんだから、学ぶのが大好きでいることは大事だ。そう考えると、君には平均的な方式が合っているんじゃないかな。苦手な先生に嫌いな科目を教わる授業は耐えられないだろうし、そのせいで学校が好きじゃなくなり、学び続けられなくなるかもしれない。

最後にもう一つだけ。嫌いな科目を好きな先生に教わるときは、先生に集中すれば科目が気にならなくなるし、好きな科目を苦手な先生に教わるときは、授業の内容に集中すればば先生のことは気にならなくなるよ。つまり授業のうちの好きな部分に注目すると、どちらの授業も楽しめるし、それほど惨めに感じずにすむ。

これからも君が刺激的で楽しい学習を続けることを願っているよ。

KEYWORDS
教育　経験　モチベーション

専門家のくせに説明が意味不明

「気を楽にもって。あなたは有名な作家よ。誰もあなたに自分以外の話なんか期待してないから」

親愛なるダンへ

この間ある有名な学者の講義を聞いたんですが、彼が専門分野のごく基本的な概念さえうまく伝えられないことに驚き、不思議に思いました。あんなに高名な専門家が、あそこまで下手な説明しかできなくていいんですか？　それが学者の条件とでもいうんでしょうか？

レイチェルより

私がときどき授業でやるゲームを紹介しよう。数人の学生に何か曲を思い浮かべてもらい、何の曲を選んだかはいわずにそのリズムで机を叩いてもらう。次に、自分がリズムを叩いた曲名を正しく当てられる人が教室に何人いるか予想してもらう。たいてい、半数くらいは当たるだろうと予想するね。それからリズムを聞いた学生たちに曲名を当ててもらうが、正しく当てられる人はほとんどいないんだ。

つまり、私たちは何か（選んだ曲など）をよく知っていると、その知識をもたない状態を想像しにくくなる。これを「知識の呪縛」という。この傾向は誰にでもあるが、学者はとくにひどい。なぜだろう？　学者は同じテーマを何年もかけて細部にわたって研究するから、世界的な専門家になるころには、その分野全体が単純で直感的に理解しやすくなったように感じるんだね。こうして知識の呪縛にとらわれると、そのテーマは誰にとっても単純で理解しやすいと思いこんでしまう。
というわけで君が目の当たりにした現象は、たしかに専門家の必要条件なのかもしれないよ。

KEYWORDS　言語　他者　予測

市場ではモラルが失われるのか

親愛なるダンへ

市場ではモラルのある行動が促されるんでしょうか、それともモラルに欠ける行動をとりやすくなるんでしょうか？　市場では他者の存在をはっきり意識するから、モラルのある行動が促されるような気がします。でもその一方で、市場とは元来競争が行われる場所だから、とかく勝ち負けにとらわれ、そこに至るまでの過程が公平かどうかには目が行かないような気もするんです。ご意見を伺えますか？

ヒメナより

君の質問には、アーミン・フォークとノラ・ゼックによる実験が一つの答えになる。彼らは殺されようとしているマウスを助けるか、見殺しにして報酬を得るかを被験者に選ばせた。基本的条件（個人条件）の被験者は（事前にマウスの写真と、殺す手順を説明するビデオを見てから）報酬を放棄してマウスの命を救うか、報酬のためにマウスを見殺しにするかを選んだ。この個人条件と、次の二つの市場条件とで、個人的利益のためにマウスを見殺しにした人の割合を比較した。市場条件1（二者間取引）では、一人の売り手と一人の買い手が、報酬のためにマウスを殺すかどうかを交渉した。市場条件2（多者間取引）では、複数の買い手と売り手が同じ交渉をした。
　実験の結果、マウスを見殺しにした被験者の割合は、個人条件（四五・九％）よりも、市場条件の方がずっと高かった（二者間取引では七二・二％、多者間取引では七五・九％）。このことから、人は市場に集まると個人的な利益のために道徳的基準をないがしろにしがちだということがわかる。フォークとゼックは、モラルの問題が絡まない実験も行っている。モラルが問われないとき、個人条件と市場条件にちがいはなかった。つまり市場にはモラルを直接損なう効果があるのかもしれないね。これは市場中心の社会に暮らす私たちにとって、朗報でないことはたしかだ。

KEYWORDS　株式市場　道徳性　誠実さ

投資判断を冷静に下せない

「僕たちに損させてるファンドが、社会的責任を果たしているだなんてよくもいえるよな」

親愛なるダンへ
　自分で決めた株式投資のルールを破りたい衝動を抑えるにはどうすればいいでしょう？
　　　　　　　　　　　　　　　　　　　　　　　　　　ガナパシーより

　君が聞きたいのは、いわゆる「冷静な状態と高ぶった状態の感情のギャップ」のことじゃないかな。たとえば「一五％上がったら利食い、一〇％下がったら損切り」という設定にしておいても、実際に五％の損失を被るとパニックしてすべてを投げ売りしてしまう。そういう場合、頭のなかの冷静で合理的な声（当初のリスク水準とポートフォリオ選択を設定した声）の方が正しくて、短期的な価格変動に反応してパニックする声は私たちを惑わしているように思えるよね。

　この観点からいくと、解決策は二つ考えられる。一つは「合理的」な自分でいる時に、ポートフォリオの設定を感情的な自分がカッとなった瞬間に変更できないように変えておく方法だ。ファイナンシャルアドバイザーに頼んで、七二時間じっくり考えてからでなければ変更できないようにしたり、君とパートナーの二人の署名がなければ変更できない決まりにしてもいい。そのほか、ポートフォリオを頻繁にチェックするのをやめたり、あらかじめ決めた損切りレベルに達したときにだけファイナンシャルアドバイザーに連絡をもらうようにするなどして、感情的な自分が目覚めないように工夫するのもいいね。

いずれにせよ、私たちは何でもやりたいことができ、いつでもそれを取り消せる自由があるとき、愚かな決定をしがちなのは明らかだ。自由を制限するのはイデオロギーに反すると思うかもしれないが、ときには意思決定に制約を設けることで、長期的な目標への道を外れずにいられるかもしれないよ。

KEYWORDS 損失回避　株式市場　感情

投資アドバイザーは雇う価値あり？

「経済的に自立できない人は、たぶん自己啓発セミナーの選び方が悪いんですよ」

親愛なるダンへ

ファイナンシャルアドバイザーを雇うのは賢明な投資だろうか？　僕のアドバイザーの報酬は年間運用資産の一％だが、それに見合う価値があるんだろうか？

アランより

たしかなことはいえないが、隠れた料金を徴収するファイナンシャルアドバイザーが多いことを考えると、明朗な前払い方式にすると今ほど多くの報酬を払ってもらえないと、彼ら自身は思っているようだね。

君の質問をもっと具体的にして、次の二つのケースを比べるとわかりやすいかもしれない。ケース1では、アドバイザーの報酬は運用資産の一％で、証券口座から毎月直接引き落とされる。ケース2では、報酬の合計金額はケース1と同じだが、君が当座預金から毎月末小切手をふり出して支払いをする。

ケース2の方がケース1よりも、ファイナンシャルアドバイザーのコストが直接痛みをもって感じられるから、コストに見合う価値はあるのかという君の質問は、この観点から考えた方がわかりやすそうだ。そこで、君がケース2の状況にいるとして、アドバイザーのサービスにそれだけの金額を直接支払いたいかどうか、自分の胸に聞いてみよう。答えがイエスなら、今のアドバイザーを雇い続ければいいし、ノーなら、次にやるべきことはわかっているね。

KEYWORDS

お金　支出　価値

オークションで高く売るには?

親愛なるダンへ

僕の親はスコットランドの住宅市場で家を売りに出そうとしています。スコットランド方式では、売主が希望価格を提示し、買いたい人が封印入札方式で一度きりの入札を行います。すべての入札が出そろったところで、売主が一人を選び、約定となります。できるだけ高く売るにはどうすればいいでしょう?

モーゼスより

封印方式のオークションは、会場で競りを行うライブオークションに比べると、いろいろな点で単純で、基本的には二つの要因によって価格が決まる。入札者が商品にどれくらいの価値があると考えているか、そして競争がどれほど激しくなると予想しているかだ。売主が高い売値を設定すると、この二つの要因に対して逆の影響がおよぶんだ。

売値が高いと、入札者はその売値を基準にして家のことを考えるようになり、高めの買値を提示する可能性が高い。でもその一方で、売値が高いと入札者が減って競争が緩和されるから、その分低めの価格で落札される可能性がある(ちなみにイーベイなどのオークションで、オークション終了時に代金を支払って商品を手に入れる落札者が「勝者」と呼ばれるのを知っていたかな？　このこと一つとっても、オークションでは競争が価格を押し上げる強力な要因になっていることがわかる。

さて問題は、これらの要因（入札時の展望と競争）のうち、どちらの影響が大きいかだ。一度きりの封印オークションの場合、たぶん一番重要な要素は、それぞれの参加者が考える価格帯だろう。だからこの場合、ご両親は高めの売値をつけるべきだね。反面、もしこれがアメリカの市場なら、入札は数回のラウンドに分けて行われるから、競争が重要な要因になる。その場合は売値を低めに設定して、できるだけ多くの人にオークションに参加してもらうのが得策だろう。

追伸　先週、サンフランシスコで家探しをしている友人に会った。彼が入札していた家は競争が熾烈で、最終的に売値の三割から四割増しの価格で落札されたそうだ。買い手にとっては苛立たしいプロセスだね。そんなわけで最後の点として、入札が過熱するのは、売り手にとってはいいことかもしれないが、誰もがいつかは売り手になり買い手になることを考えると、住宅市場全体としていいことなのかどうかはわからない。

KEYWORDS　**意思決定　価値　他者**

相手のミスで儲かってしまった

親愛なるダンへ

さっきヨガ教室で六カ月分の受講料を払ったら、誤って一年分と入力されていたの。これまで何度も請求ミスがあったけど、いつも教室の得になるようなまちがいだったわ。まちがいを指摘した方がいいかしら、それとも宇宙の摂理がはたらいて釣り合いをとってくれたと考えていい？

ランダムなファンより

私が思うに、これはまちがいなんかじゃない。世界が道徳的秩序を回復しつつあるというだけだ。一つだけ不思議なのは、どうしてこんなに時間がかかったんだろうね？

KEYWORDS　誠実さ　幸運　価値

老後資金の確保を促すには？

親愛なるダンへ
アメリカ人が十分な退職資金を確保できるようにするには、どうするのが一番いいでしょう？

ベンより

人々が老後に十分な資金を用意できるように手助けをする方法は、基本的に二つある。一つは貯蓄額を増やすよう、また若いうちから貯蓄を始めるよう促すこと。もう一つは、早く死なせることだ。このうち簡単なのは、早死にさせる方だね。具体的にどうするか？　喫煙を勧め、糖分や脂肪分の高い食品に補助金を与え、予防医療を受けにくくするといった方法がある。そう考えると、この問題に関してはすでにあらゆる手が講じられているようだね。

KEYWORDS　長期的思考　健康　意思決定

確定申告がほんとに面倒くさい

「いくら探しても、僕らの可処分所得ってやつがどこにあるのかわからないよ」

親愛なるダンへ

タックスデー〔確定申告の締め切り日〕が嫌でたまらない。この日をもっと気もちよく迎える方法はないだろうか？

ジェームズより

私が税金を納める年齢になって申告を始めたころは、「フォーム1040EZ」という簡易版の書式に記入するだけでよかった。最初の数年間は、タックスデーが大好きだった。自分はこれだけのお金を稼いだのか、あまり貯金できなかったな、政府にこんなに支払ったのか（「こんなにとられたのか」と同じだが、自分から支払ったと考える方が好きなのだ）、連邦政府と地方政府からどんな見返りを得たのか、といったことを考える一日だった。お金のことや市民としての義務を省みるよい機会だったんだね。

でもそのうち私の税金はずっと複雑で手がかかるようになり、申告はますます面倒になった。そのせいでタックスデーは、このすばらしい国の市民としての役割や義務をふり返る一日から、内国歳入庁（IRS）と合衆国政府と対決する一日（または一週間）になってしまったんだ。

それじゃ、タックスデーをもっと有意義な日にするには、どうすればいいだろう？　へブライ語の「ミツバー」には、義務と善行の両方の意味がある。私はいろんな書式や規則と格闘するとき、気を紛らわせるために、税金をミツバーだと考えるようにしているんだ。

税金をこのようにとらえ直すことは、市民の私たちにできる方法の一つだが、アメリカ政府も政府なりに努力すべきだろう。タックスデーを単なる面倒ではなく、「市民の日」と考えてもらうには、まず税法を今よりずっとずっと簡素化する必要がある。そして簡素化を進めるだけじゃなく、タックスデーを利用して、納められた税金がどのように使われているかを納税者に報告すべきだ。私たちが国家運営にどんなかたちで貢献しているかを一覧できる、税金の受領書みたいなものを配ってもいいね。きっと私たちはいろいろな支出を見ては一喜一憂するだろうが、これはタックスデーを市民参画の日にするためのよい一歩になる。もう少し過激にやるなら、税金の五％の行き先を国民投票で決めてもいい。教育、医療、インフラなど、何を拡充するかを私たちに決めさせてほしい。これこそ、民主主義に向かう一歩じゃないだろうか？

そしてこの日の名前をタックスデーから「ミツバーデー」に変えようじゃないか。

KEYWORDS 支出 ネーミング 感謝

「お金返して」といえない

親愛なるダンへ

何年も前、友人に頼まれて結構な額のお金を貸しました。そのときは助けになれて嬉しかったけれど、あれからずいぶん経つのに彼女はそのことについて何もいわないから、なんだか微妙な関係になってしまって……。どうしたらいいと思いますか？　私から何かいった方がいいのかしら？

マリエルより

君は彼女に頼まれてお金を貸したんだから、彼女の方がこの話題を切り出すべきだと思っているね。モラルという点からいえば、そのとおりかもしれない。でも一つ問題があって、君が彼女にお金を貸したことで二人の力関係が変わり、そのせいで彼女は口に出しにくくなっているんだ。

もちろん、どちらかがこの話題を切り出さなくてはならない。そして二人の力関係が不釣り合いなことを考えると、君が切り出した方がいいと私は思うな。

さて君が切り出すとして、次の問題は具体的に何というかだ。もしお金が入り用なら、私ならこんなふうにいうだろう。「何年か前に、あなたにお金を貸したよね。最近お金の整理をしているんだけど、いつ返してもらえるのか教えてくれる？」。もしお金が必要でなく、友人にあげてもいいと思ってるなら、こんな感じのことをいうよ。「何年か前に、お金を貸してほしいって頼まれたよね。ちょっといっておきたかったんだけど、あのことはもういいの、もともとあげるつもりのお金だったんだから」って。

どっちにせよ、この話題をもち出せば当面は少し気まずくなるが、長い目で見れば友情を壊さずにいられるよ。

KEYWORDS　お金　友人　与えること

特売品をプレゼントしたらダメ?

「まったくもう、バレリーのせいでハードルが上がっちゃう」

親愛なるダンへ

この間「一本買ったら二本めは五セント」の特売をやっていたワイン店で、二種類のワインを買い、一本に一六ドル九九セント、もう一本に五セント払ったんだ。

明日親友の家に夕食に呼ばれていて、ワインを一本もっていくつもりだけど、どっちのワインがいいかな？　一六ドル九九セントのにするか、五セントのにするか。

それと、値段は打ち明けるべきだろうか？

ラグズより

ワインが高価であればあるほどおいしく思えることは、昔から知られている。でもとくに興味深いのは、飲む人が値段を知っているときにしか、この相関関係は成り立たないってことだ。ワインの銘柄を伏せるブラインドテイスティングでは、値段を教えなければ、ワインの値段と評価との相関は見られない（専門家の場合は、ブラインドテイスティングでも正の相関があるが、本物の専門家はとても少ないし、彼らでさえ相関は非常に低い）。

これをふまえて、君がまず決めなくてはならないのは、友人たちにワインの値段を教えるかどうかだ。教えないならノープロブレム、安い方をもっていこう。そのワインがとても安かったことを知っている君はあまり楽しめなくても、みんなは喜んでくれるはずだ。

君は別のワインを飲んでいればいい。逆に値段を教えるつもりなら、一六ドル九九セントの方をもっていこう。何ならワイン店までのガソリン代の実費や時間のコストを上乗せして、ちょっと高めの金額をいってもいい。そうすれば、みんな君のすばらしいワインを楽しめることまちがいなしだ。

KEYWORDS 飲食物　価値　期待

あげたプレゼントが使われていない

「たとえ気に入ってもらえなくても、これが気に入りそうだと思われたら悪い気はしないだろ」

ダンへ

毎年問題は同じです。主人と私は義父に喜んでもらえる誕生日プレゼントを贈ろうとするんですが、何をあげても使われないまま永遠に放置されるだけです。自動車用の工具や工具箱、超便利グッズなど、どれも高価で上等なのに、包みもほどかれずに何年もほこりをかぶっています。そして義父はといえば、いまも破れたスーパーの袋に壊れかけたスパナやぼろぼろのねじ回しを入れてもち歩いているんですよ！

こういった贈りものは、一時は「私たちのもの」だったのだから、この先どうなるのかが気になります。あれだけ手間暇かけて選んだからでしょうか？　使われずに放置されているのがもったいないと感じるからでしょうか？　それとも、使ってもらえないのは私たちのせいのように感じられるからでしょうか？　そして次が肝心な質問です。贈りものを返してもらってはいけませんか？　ほしくないのは明らかなのだから、私たちが使ってもかまわないでしょう？

ベロニカより

いや、贈りものは返してもらわない方がいい（「君たちの贈りもの」と書かなかったことに注目。君たちのものだと考えるべきじゃないと、私は思うな）。

選び抜いた高価な贈りものが思ったほど喜んでもらえなくて、君とご主人が無駄骨を折ったように感じているのは残念だね。私なら贈りものを返してもらうより、何とかして使ってもらえるようにしたいところだ。まず包装から出して（取り出すだけでひと苦労で、特別な道具が必要なこともあるんだ）、お義父さんのスーパーの袋の古い工具を新品とすりかえてしまおう。そうすれば新しい工具がすぐとり出せるから、使ってもらえる可能性が高まる。古い工具は、とりあえず屋根裏の大きな箱のうしろにでも隠しておけばいい。

お義父さんに文句をいわれたら、古い工具セットを修繕して返してから、大掃除のついでに不要品を地元の慈善団体に寄付しませんかと聞いてみよう。お義父さんは新しい工具を寄付しようと考えるかもしれないね。それもダメなら、強盗を装って、現金や貴重品には手をつけずに、新しい工具だけを盗み出し、君たちのものにしてしまえばいい。強盗方式にはもう一つメリットがあって、贈りものにとても価値があることをお義父さんにわからせることができるから、これからあげる贈りものをちがう目で見てくれるかもしれないね。

　今年については、ウィスキーやワインなど、時間が経つほどよくなるものをあげたらどうだろう。そうすれば年々価値が上がっていくから、たとえ使ってもらえなくてもさほど気にならなくなるんじゃないかな。

KEYWORDS　与えること　家族　人間関係

クリスマスカードが面倒くさい

親愛なるダンへ

毎年クリスマスが来るたび、知り合い全員にクリスマスカードを送らなくてはならないような気がするの。送るカードは年々増え続け、正直いってもう手に負えないほどよ。本当に仲のいい友人だけに送ってもかまわないかしら?

ホリーより

数年前に精神的ヒューマニズム教の聖職に叙せられた身として、親しい友人だけにカードを送るのはまったく問題ないことを保証するよ。社会科学者の立場からいうと、リストに漏れたからといって誰も傷ついたりしないし、そもそも気づきもしない人が多いんだ。それに、来年君にカードを送らなくてはという義務感から解放してあげられるから、彼らの悩みまで解消できて、一石二鳥だね。クリスマスカード騒ぎを本気でシャットアウトしたいなら、ユダヤ教に改宗するという手もあるよ。

KEYWORDS　友人　期待　幸福

愚痴ばかり聞かされてウンザリ

「僕たち『ありがとう』や『お願いします』をいわなくてもわかり合える関係でしょ」

親愛なるダンへ
この間久しぶりに旧友に会ったの。ランチするのをとても楽しみにしていたのに、うんざりして帰ってきたわ。二時間の間彼女がしたことといえば、文句をいうことだけ——主に旦那の愚痴だけど、子どもの文句もいってたわね。せっかくの会が陰気でうっとうしくなって、彼女にも、自分にも、二人で過ごした時間にもがっかりしちゃった。どうしてあんなに文句ばかりいうのかしら？ 久しぶりに旧友に会うのに、もったいない時間の過ごし方だと思わなかったのかな？

アンドレアより

人が愚痴をいう理由はたくさんある。友人が不平をいうはっきりした理由を知ることは興味深いし、役に立つ。まず大きな理由として、惨めな状況にいる人には親近感がわくということがあるね。たとえば君が友人に会って、ゆうべ主人と子どもがこんなにひどかったのよと切々と愚痴をこぼした場合と、うちの家族は最高で、昨日はこんなにすてきなことがあったのと、同じくらいくわしく自慢した場合を比べてみよう。友人が君のことをもっと好きになり、お返しに自分の打ち明け話をしてくれ、お開きになるころ君に親近感をもつのは、どっちの場合だろう？ 賭けてもいいが、それは愚痴をこぼした場合だ。

人が愚痴をいうもう一つの重要な理由は、安心したいからだ。愚痴をこぼした相手に、「世のなかそういうものだから大丈夫よ」といってほしいんだ。実際、私たちが本当に望んでいるのは、相手も苦労を打ち明けてくれ、それに比べれば自分の惨めさなんて大したことはないと思い気が楽になることなんだね。

さて君の友人の話に戻って、なぜ彼女が愚痴をこぼしたのかを考えてみよう。もし彼女が惨めな状況をお互い打ち明け合うことで、君とのつながりをとりもどそうとしていたのなら、絆を強めようとする努力につき合ってあげてもよかったね。二人の絆は十分強いから、これ以上強めなくても大丈夫だと、安心させてあげればよかった。反面、もし友人が元気づけてほしかったのなら、こんな話をすることもできたよ。「お宅のご主人が能なしですって？　うちの亭主のことも聞いてちょうだいよ」。そうすれば、彼女の人生は彼女が思っている以上に普通なんだと自信をもたせてあげられただろう。

いずれにしても、愚痴をいうことはとても役に立つ場合がある。今度友人が愚痴をこぼし始めたら、なぜなのかを考えて、二人の関係にうまく活かせるといいね。

KEYWORDS 友人　惨めさ　コミュニケーション

ゴシップはなぜ楽しい？

親愛なるダンへ
どうしてゴシップ新聞や雑誌に人気があるのかさっぱりわからない。どこが魅力なんだろう？
デイブより

私もよくわからないが、たぶんあの魅力は社会的協調とも関係があるんじゃないかな。私たちは社交の集まりに出ると、みんなが参加できる話題を探そうとして、天候やスポーツ、ゴシップなどのネタを選ぶことが多い。つまり、そういう場では誰もが会話に参加できるように、話題が自然と低俗になりがちなんだね。

スポーツやゴシップの話に加わるにはそんなに知識はいらないが、ある程度はあった方がいい。私たちはこういう話題に頼らざるを得ない社会的状況にいつか陥ることを知っているから、会話の輪に入って積極的に人と交わるために、ゴシップやスポーツの知識を仕入れるんだろう。

追伸　イギリスの脚本家ダグラス・アダムスは、著書『銀河ヒッチハイク・ガイド』（安原和見訳、河出文庫）シリーズでこう書いている。「光ほど速く伝わるものはない。ただし悪い噂だけは例外だ。あれには特別な法則がはたらいているんだから」

KEYWORDS　**コミュニケーション　他者　社会規範**

結婚ってある種の賭け？

「同性婚が法的に許されるまでは、僕たちが結婚するのはフェアじゃないだろう。それが僕の持論で、譲るつもりはないよ」

親愛なるダンへ
経済学者の友人が、前にこんなことをいっていました。結婚とは、相手を生涯愛するかどうかをめぐって、相手と全財産の半分を賭けて勝負するようなものだと。どう思いますか？

シェーンより

経済学者は人間の行動について考えるためのおもしろい方法をいろいろもっている。まるで見当ちがいのモデルもあるが、たとえまちがっていたとしても興味深いし、なかにはためになるものもあるんだ。結婚をギャンブルととらえるのも、見当ちがいだが有益な経済モデルの典型だね。社会的で情熱的な深い結びつきを、カジノのテーブルでやるような賭けにたとえるのは、人間関係の多くの面を軽視しているが（これが見当ちがいな部分だ）、その反面、人が結婚を決める際に考慮しないことの多い、損失のリスクに目を向けられる（有益な部分）。総合すると、結婚をこんなふうに考えるのは役立つより誤っている方が多いような気もするが、確実にいえることが三つある。
一つには、結婚を賭けにたとえるのは戒めとしてはいいが、既婚者は結婚生活や子ども、責任、将来の計画をそんなふうに考えていない。二つめとして、他人の結婚を賭けという観点から考えるのは楽しくておもしろいかもしれないが、自分の結婚はそんなふうに考えるべきじゃないね。そして最後に、こんな見方があるだなんて、パートナーにはおくびにも出してはいけないよ。

KEYWORDS　結婚　期待　予測

結婚指輪ってそんなに大事？

「それをするなら、対面通行を覚悟しなさいよ」

親愛なるダンへ

僕の奥さんになる人は、二カラットの指輪をとてもほしがっているんだ。僕としては、指輪は小さいのにして、その分浮いたお金を家や結婚式など、将来の出費に回したい。でも彼女いわく、友人はみんな大きな指輪をもらっていて、彼女自身それが長年の夢だったんだとか。この不合理なふるまいをどう思う？　アドバイスをもらえないだろうか？

ジェイより

最初にいっておくが、何かが理解しがたいからといって、それが不合理だとは限らないよ。

女性がダイアモンドの指輪をほしがる気もちについては、男性が指輪を買いに行くのが嫌いだからこそ、女性はそれをほしがる、という見方もできるね。愛する人のために何かを楽しみながら買ってあげるのはすばらしいことだ――でも買いたくない気もちをがまんしてまで買ってあげれば、君の愛情と思いやりを示す強力なシグナルを送れる。

仮に、君が楽しんで買ったものや自分自身ほしかったものを、愛する人にあげたとしよう。たとえば新型のデジタル一眼レフカメラ。これはすてきな贈りものだし、喜んでもらえるのはまちがいないが、問題は、君が費やした労力のうちのどれだけがロマンチックな愛情によるもので、どれだけがカメラがほしいという君の利己的な欲望によるものなのかがわかりにくいことだ。逆に、君が買いに行くのも嫌なものや、買いたくないうえにほしくもないものをあげれば、相手へのロマンチックな深い愛情と献身ゆえに買ってあげたことが一目瞭然だ。だからこそ、自分の嫌いなものや価値がさっぱりわからないものを、相手に対する愛情と思いやりのシグナルとして買ってあげることが重要なんだね。

そんなわけで、今年奥さんにジュエリーや花をあげるときは、それを買いに行くのがどんなにつらかったかを訴えるといい。そして来年のための布石として、君がデジタル一眼レフカメラをどんなに嫌いで、そういう無駄な買いものをするのがどんなに苦痛で時間の無駄かを、今からアピールし始めるといいよ。

KEYWORDS　結婚　与えること　シグナリング

結婚する意味がわからない

「お手当をくれるなら、医療手当と歯科手当にしてね」

親愛なるダンへ

今の彼とは結構長くつき合っているんだけど、周りから結婚するのかとうるさく聞かれるの。彼とは相性がバッチリで、とても愛し合っているけど、結婚する意味がわからなくて。このまま事実婚で幸せに暮らせばいいじゃない？　この大げさなしきたりには、生活費を節約できること以外にどんな意味があるっていうの？

ジャネットより

私はこのテーマの研究はしたことがないが、君がこの質問について考えるのに参考になりそうな話をさせてほしい。

私は一九歳ごろ、当初隔離されていたやけど病棟から、一般のリハビリセンターに移された。このセンターには、手足切断から麻痺、頭部外傷まで、いろんな傷を負った患者がいた。そのなかに、爆発物の専門家として従軍し、地雷解体中に重傷を負ったデイビッドがいた。彼は片方の手と目を失い、足を負傷し、ひどい傷痕を負った。彼が数カ月前からつき合っていたガールフレンドのレイチェルにフラれると、私を含めセンターの患者はみな憤慨したものだ。「彼女はなんであんなに不誠実で浅はかなんだろう？　二人の愛は彼女には何の意味もなかったのか？」ってね。興味深いことに、デイビッドは彼女の立場を理解し、私たちほど彼女の決断を責めなかった。実際、レイチェルの肩をもったのは彼だけだった。

今ふり返ってみると、レイチェルの選択が正しかったかどうかはわからないが、そこには君の質問に答える手がかりがありそうだ。彼女の行動を考えてみてほしい。君は腹が立つだろうか？ もし二人の交際期間がもっと長かったなら、君の彼女に対する気もちは変わるだろうか？ 二人が婚約していたら？ 事実婚なら？ 結婚していたらどうだろう？ そしてまたこれらの状況で、君がレイチェルの立場にいたらどんな行動をとるだろう？ そして君のパートナーは、レイチェルの立場にいたらどうするだろう？

私が思うに、君がレイチェルをどれだけひどいと思うかは、レイチェルとデイビッドがどんな関係だったかによって変わるんじゃないかな。また、重傷を負ったばかりのパートナーに君が添い続けるかどうか（そして君がケガをした場合に、パートナーが添い続けてくれるかどうか）も、やはり二人の関係によって大きく変わると思う。このことから得られる教訓は何だろう？ デイビッドとレイチェルが結婚していた場合に君の見方が変わるなら、「健やかなるときも病めるときも」を公に宣言することは、君にとって実は意味のあることなのかもしれないね。それに君自身が結婚すれば、二人の関係に対する見方がまた変わるだろう。

いうまでもなく、結婚は二人の関係をくっつける魔法の強力接着剤なんかじゃない。でも結婚は、お互いへの献身と長期的な関係を促す重要なきっかけになることがある。とくに、避けられない不運に見舞われたときがそうだ。

だから、何が何でも結婚すべきだとはいわないが、この伝統が人と人との長い絆をどんなふうに強めるのかを考える価値はあると思うよ。

KEYWORDS　結婚　長期的思考　幸福

今の彼女と結婚すべき？

「あなたと結婚して、家庭を築き始めたいの――誰と築き終えたいかは、神のみぞ知るだけど」

親愛なるダンへ
今の彼女と結婚すべきかしないべきか、どうすれば決められるかな？
ニックより

できるだけ実験をすることを勧めるよ。そうすれば決定を下す前に、信頼性の高いデータを手に入れられる。実験を行うとき大切なのは、調べたい状況になるべく近い状況をつくることだ。たとえば人がオンラインでどんな決定を下すのかを知りたいなら、被験者にコンピュータで決定を下してもらうのがいいし、スーパーマーケットでの意思決定を調べるなら、選択肢がたくさんある騒がしい環境に被験者を置くといい。君の場合はどうか？君は彼女と何十年も暮らすのがどんな感じなのかを知りたいんだね。それなら、彼女のお母さんと二週間ほど一緒に過ごしてみるといいよ。

KEYWORDS　**結婚　実験　幸福**

どうすれば夫婦会計はうまくいく？

「君ももっと昼寝しなさい。寝るのは無料だよ」

親愛なるダンへ
　僕たちは最近結婚したばかりで、もっか銀行口座をどうするかで揉めている。妻は、口座を共有すればお金の出入りがわかりやすくなるという。でも僕は、税金や自分のための買いもの、予算管理には、口座を分けた方がいいと思うんだ。どう思う?

ジョナサンより

　家庭の運営について自分の思いどおりにするか、妻のいうとおりにするかを迷っている様子を見ると、君はたぶん要領が悪いか、結婚ほやほやかのどっちかだろう(ごめん、ユダヤ人の血が騒いで茶化さずにはいられなかった)。でもまじめに答えると、共同口座をもつべきだと思うね。

　何より、君たちがとるどんな行動も、二人の経済状況に直に影響をおよぼすことを考えると、二人がいま別々にもっている口座は、実質的に共同口座のようなものだ。たとえば、どちらかが自分の口座のお金を使って高級車を次々と買えば、将来二人が旅行や医療費などにかけられるお金が減るだろう。

　結婚という企てには、法的なこと以上に重要な意味がある。君たちは結婚することによって「僕が君の面倒を見るから、君は僕の面倒を見てくれ」というかたちの社会的契約を結んだんだ。どんな結婚でも、お互いに対する務めを果たすことが成功のカギになる。そしてただでさえ複雑なこの関係にお金の駆け引きが加わると、面倒なことになりやすい。たとえば、君たちが「自分のお金」と「相手のお金」を分けて管理していたらどうなるか考えてみよう。レストランの勘定は割り勘にする？　どっちかがワインを一杯多く飲んだらどうする？　それに「相手のお金」がなくなったら？　一週間皿洗いとゴミ出しをしたら、「自分のお金」を少し分けてあげる？

困ったことに、深い人間関係にお金が絡むと、二人の関係は愛情やロマンス、思いやりというよりは、援助交際に近くなってしまう。銀行口座を分けることにはたしかに経済的なメリットはあるが、そのせいで夫婦関係に不要なストレスが加わるんだ。よい関係を築くことには、効率を多少犠牲にするだけの価値があるとわかってもらえただろうか。

KEYWORDS　結婚　お金　社会規範

なぜ人は離婚するのか

「あなたと離婚するためにこんなにがんばってるのに、どうして協力してくれないの」

親愛なるダンへ

離婚率はなぜこんなに高いんだろう？

ジェイコブより

人が自分の下した決定に一年でも満足していられるとは思えない。ましてや五年、一〇年、二〇年、五〇年後に思い返したら、後悔するに決まってる。私はむしろ、離婚率がこんなに低いことに驚いているよ。

＊＊＊

親愛なるダンへ

今の彼女とつき合ってもう六年になる。オキシトシンの分泌レベルがとてつもなく高かったころの情熱は、もう影もかたちもないけれど、彼女といると安心するのはたしかだ。そろそろ別れの潮時なんだろうか、それともいつか情熱が戻ることを期待して、関係を続けるべきだろうか？

ＪＤより

君が何歳で、これまで女性とどういう関係をもってきたのか、君にとって「安心」がどんな意味をもつのかといったことを何も知らずにアドバイスするのは難しいな。

とはいえ、君がいま経験しているのは、つき合い始めたころの情熱や相手に惹かれる気もちが薄れ、代わりにほかの感情（君の場合は「安心」）が高まるという、恋愛関係にありがちな変化なんだろう。問題は君にとって「安心」が、十分ポジティブな気もちなのかどうかだ。

こと「安心」にかけては、経済学者ティボール・シトフスキーの考えが参考になる。彼は著書『人間の喜びと経済的価値――経済学と心理学の接点を求めて』〔斎藤精一郎訳、日本経済新聞社〕のなかで、ポジティブな経験には喜びと安楽の二種類があるが、人はとかく安楽で安全で予測可能な道を選びがちだといっている。彼によると、これはとても残念なことだ。なぜなら真の進歩――と真の喜び――は、リスクをとってまったく新しいやり方を試し、多様な経験を積むことによって得られるのだから。

そう考えると、思い切って安心を手放し、新しい喜びに賭けてみるチャンスなのかもしれないね。

KEYWORDS　結婚　長期的思考　幸福

なぜ人混みの中でデートする？

「もう勝手にすれば。そうやってずっとメッセージをチェックしてればいいのよ。会話のタネが見つかるかもしれないしね」

親愛なるダンへ

若い人たちはなぜデートのためにわざわざ騒がしくて混み合った場所に出かけていくのかしら？　あんなに騒がしいと、語り合うことも、お互いを知り合うこともできないじゃないの。何のために行くんでしょう？

アマンダより

バーやクラブなどの騒がしい場所でデートをする人たちは、お互いを知り合うためにデートをしているわけじゃないかもしれない、と考えたことはあるだろうか？　もしかすると、ちがう目的があるのかもしれないね。

もっとまじめにいうと、騒がしくて混み合った場所をデートの場所に選ぶのは不思議な気がするが、デート中の二人はいろいろな意味で、騒がしい環境に助けられるのかもしれない。一つには、周りが騒がしければ、気まずい沈黙を感じずにすむし、ぎこちなさが薄らぐだろう。二つめとして、話題が途切れても、二人が黙っているのは会話が弾まないせいじゃなくて、音楽がうるさくて話しづらいか、流れている音楽に気をとられているからだと思える。

三つめのメリットとして、周りがうるさいと、話が聞こえるように体を寄せ合う口実ができる。とくに騒がしいバーなら、耳元に口を近づける口実にもなる（耳に優しく息を吹きかける口実になるかどうかは、人による）。

最後に、音楽や人混みは、性的興奮を高める効果がとても高いことがわかっている。そう、性的興奮だ。デート中の人は、騒音や人に囲まれると興奮が高まることが多い。そしてここが肝心なんだが、自分が興奮しているのは一緒にいる相手のせいだと勘違いする場合があるんだ（社会科学で「感情の誤帰属」と呼ばれる現象だ）。人が環境のせいで引き起こされた感情と、隣にすわっている人によって引き起こされた感情を混同しがちなことを考えると、騒がしくて賑やかな場所でデートをするのは必勝戦略だ。二時間後にバーを出るとき、相手がドキドキの理由を君への恋心だと確信していたらいいと思わないかい？

この答えが君の謎を解明し、君も騒がしい場所でデートするようになるといいんだが。

KEYWORDS　恋愛　性　感情　感情の誤帰属

口説き文句って効果あり？

「タイムマシンで過去に戻れるとしても、私を愛しているから行かないわよね？」

親愛なるダンへ

私は幸せな結婚生活を送っていて、バーでの出会いなんてものには無縁ですが、よくあるベタな口説き文句には本当に効果があるんだろうかと、かねがね疑問に思っています。「いいカラダしてるね」とか、そんなものです。ああいう中身のないほめ言葉を本気にする人がいるなんて思えないんですが、あれだけよく聞くからには、何かしら効果があるはずですよね。どう思われますか?

バーバラより

私はこの分野の専門家でも何でもないが、こういう口説き文句には思った以上の効果があるような気がする。ある興味深い研究によると、人はほめ言葉をいわれるのが大好きで(それは当然だ)、ほめ言葉をいってくれる人に好感をもち(ちょっとおもしろい結果だね)、ほめ言葉が本心でないことを知っていても好意を抱くらしい(これが一番意外で興味深い発見だ)。

口説き文句についての洞察はさておき、この研究成果をふまえて、より一般的にほめ言葉を見直したらどうかな。何といってもほめ言葉は無料で、相手を幸せで特別な気分にしてあげられるし、二人の絆を深める効果まである。それならどんどんいえばいいじゃないか？　これから数週間ご主人に口説き文句やほめ言葉をいって、君とご主人のそれぞれと、夫婦関係にどんな影響があったか教えてほしい。

KEYWORDS　恋愛　評価　予測

不倫サイトは不倫を助長するか

チーターズ〜既婚者のためのシングルズバー

親愛なるダンへ

この間アリバイ工作のウェブサイトを見つけたよ。どこかにいたという「証拠」まで捏造《ねつぞう》してくれるらしいんだ（愛人と密会している間、会議に出ていたと奥さんに保証してくれるとか）。既婚者のための不倫出会い系サイトもあった。こういうサイトは不実な行動を助長していると思う？

ジョーより

質問ありがとう。興味深いうえに、その手のウェブサイトをいろいろ見て回れたよ。君の質問に対する答えは基本的にイエスだ。こういうサイトが不実な行動を促していると私は思う。

見てみたところ、きちんとしたサービスに見せようとしているサイトが多いね。あるサイトなんか、偽のエアラインチケットの発券・送付や、ホテルの受付を装う電話等のサービスへの申し込みを、ヘッドセットをつけた担当者が微笑みながら待っている写真を載せていた。別のサイトの「お客さまの声」はあらゆる点でとても高評価だったし、「現実の世界に住む現実の人々を応援します！」なんて頼もしいことを謳うサイトまであった。でも考えてみると、「応援する」っていうのは、代わりに嘘をついてくれるってことなんだね。

利用者はこんなふうに言葉をすり替えたり、不倫がごく一般的なことだと示唆したりするサイトを見ると、自分の行動は社会的に受け入れられると正当化しやすくなる。これだけ多くの普通の人たちが体験談を寄せているんだから、自分も利用して何が悪い、ってわけだ。

また「現実の世界」という言葉を使うことで、世間の人たちが属しているふりをする、正直者だけのおとぎの国など存在せず、現実の世界ではこっちが普通なんだとアピールして、反発を抑えているんだろう。

私としては、こういうウェブサイトを見て回ったせいで、これから自分のブラウザにどんな広告が表示されるのかがちょっと心配だ。

KEYWORDS　結婚　誠実さ　テクノロジー

娘の新しい彼氏が気に入らない

「ボクはもう大きいんだから、お祈りに見せかけたお説教なんかお見通しさ」

親愛なるダンへ

最近うちの娘がぐうたらでつまらない男とつき合い始めました。娘に釣り合うような男でないことを、やんわり娘に伝える方法はないものでしょうか？　説教じみたことをいうと耳を貸さないでしょうし、わざと助言に背くようなことをされても困ります。

悩める母より

お嬢さんの彼氏が実際にどんな人なのかは知らないが、あなたが今経験しているのは、（完璧な）娘が（完璧とはほど遠い）彼氏を家に連れてきたときの、世の親たちに共通の反応のような気がする。私だって娘（現在九歳のネータ）に、「この人とつき合おうと思っているの」なんて男を紹介された日にはどうなることやら……。

でもとりあえずここでは便宜上、あなたのいうとおり、お嬢さんの新しい彼氏が本当に鈍くてまぬけな役立たずだと仮定しよう。たとえ彼氏がそういうタイプだったとしても、お嬢さんに本心はいわない方がいい。その代わり質問を、そう、誘導的な質問をするんだ。私たちはふだん自分に難しい質問をするのを避けたがるが、誰かにそういう質問をされると、それが頭から離れなくなって、一人問答みたいになる。たとえばお嬢さんにこう聞いてみたらどうだろう。「彼とはうまくいっているの？　けんかすることはある？　彼の好きなところを一〇個挙げてみて？　一番嫌いなのはどういうところ？」。お嬢さんの答えはたぶん「うん、週に数回、三つはあるけど一〇も答えられない、わがままなところ」という感じだろう。でもこう聞かれたことをきっかけに、これまで彼氏としたけんかのことや、好きなところが少ししかないこと、彼氏のわがままな面などに目を向けるようになるんだ。

このやり方はちょっとお嬢さんを操るようなところがあるが、これをきっかけにお嬢さんが彼氏との関係についてじっくり考え、あなたと同じ結論に達するといいね。

KEYWORDS　家族　恋愛　意見

なぜ男はハイヒールが好き？

親愛なるダンへ
どうして男性はハイヒールを履いた女性に惹かれるの？
アン＝マリーより

いろんな理由が考えられるね。一つには、ハイヒールだと姿勢が変わるから。女性がハイヒールを履くと背筋が伸びて、おしりと胸を少し突き出すようになる。二つには、ハイヒールを履くとタテヨコの比が変わって、背が高くほっそりして見える。三つめの理由として、脚のかたちが変わる。ほっそりして見え、筋肉が際立つんだ。肉体的な変化はきっとほかにもあるだろう。

でも私が個人的に一番気に入っているのは、進化にまつわる説だ。男性がハイヒールに惹かれるのは、それを履いている女性は逃げにくいと、無意識に思っているかららしい。

KEYWORDS　ファッション　性　シグナリング

初デートでベッドインしたいけど

親愛なるダンへ

この間デートをしたとき、夜がふけるにつれてお互い気分が高まっていい感じになったんだ。僕は財布にコンドームを入れていて、あわよくば使うつもりでいたんだけど、初デートでやる気満々だと思われるのは嫌だった。これはどっちに転んでも損する状況だ。コンドームをもっているといえば彼女に悪く思われるし、もっていないふりをしたらセックスできない。こんなとき、どうすればいい？

デイビッドより

これは一筋縄ではいかない問題だね。この手の間接的なコミュニケーションを、社会科学では「シグナリング」と呼ぶ。大まかにいうと、君はこの情報を明らかにすると、君の意図について、またより広い意味で君自身についてネガティブなシグナルが相手に伝わるのではと恐れている。

この問題を解決するには、コンドームをもっていることをネガティブに解釈されないようにしたい。そうすればもち歩いていても、セックスするつもりだという不利な証拠にはならないからね。具体的にどうすればいいかな？　一番直接的な解決策はもちろん、コンドームの携行をすべての若い男性に法律で義務づけることだ。そんな法律があれば、コンドームをもっているのは普通のことになるから、君のジレンマは解消する。君は単に「法律を守っている」だけなんだから。

でもそういう法律がまだ存在せず、近いうちに制定される見込みもないことを考えると、もっと即効性のある解決策が必要だ。なら、オンライン運動を始めたらどうだろう？　コンドームをつねにもち歩くことを誓う「コンドーム宣言」に、世界中の若い男性の署名を集めよう。そうすれば、君がこの人道的運動に加わっていて、コンドームをもち歩いているのは社会的責任を果たすためだってことを、将来のデート相手にわかってもらえる。そのうえこの善意のオンライン運動のおかげで、コンドームをもち歩くことは、君が立派で思いやりのある人物だということを示すポジティブなシグナルになるよ。

KEYWORDS　意思決定　他者　シグナリング　性

男性器の大きさって重要？

親愛なるダンへ

この前読んだイタリア人男性の性的能力に関する研究によると、イタリア人の男性器の平均サイズは、五〇年前に比べて一〇％ほど短くなっているそうなんだ。どう思う？　これはいいニュース、それとも悪いニュース？

ジョンより

この結果をできるだけよい方に解釈すると、イタリア人男性の正直度が過去五〇年で一〇％アップした、ってことになるね。

KEYWORDS　性　誠実さ　自己欺瞞

セックスした相手に泣かれたら

「私のツボがどこにあるのかもわからないくせに」

親愛なるダンへ

初めてのＨの最中に女性が寝てしまうのと、泣き出すのとでは、男性にとってどっちが嫌なもの？

シーリより

非科学的な直感でいうと、泣かれる方がずっとつらいね。相手がセックスのすばらしさに目覚めて感激して泣いているんだと思えるなら別だけど。

KEYWORDS　恋愛　性　自己欺瞞

子どもをもつかどうか決められない

「たしかに子どもをほしいと思ったわ——でもあんたたちのような子じゃないわよ」

親愛なるダンへ
僕たち夫婦はアラフォーで、子どもをもつべきかどうか迷ってる。何かアドバイスはありませんか?
ヘンリーより

子どもをもつかどうかの決定はとても複雑で、二人の経済状態や考え方、それに二人の間の関係がどんなで、どれくらい安定しているかなど、いろんな要因に左右される。だから残念ながら、君たちの状況をくわしく知らない状態で、質問に直接答えることはできそうにない。

とはいえ、これは君たちがこれから下す決定のなかでもとくに大切なものだから、重大かつ重要な意思決定に関する一般的な教訓をいくつか挙げておくよ。

ほかの多くの決定でもそうだが、この決定で問題になるのは、君たちがこの経験から何を得て、何をあきらめることになるかだ。とはいえ、子どもをもつことの費用と便益を推定するのは難しい。そこでどうするか? 子どもをもつことを疑似的に体験すれば、それが二人の考え方や人生にどんな意味をもつのか、うまくなじむのかがよくわかるんじゃないかな。

問題をより深く理解するために、たとえば子どものいる友人の家に一週間ほど泊めてもらって、子どもを間近で見守ったらどうだろう？　それが終わったら、別の友人に頼んで、一週間子どもの面倒を見させてもらう。それから対象を広げて、いろんな年齢の子どもたちの世話をしてみよう（幼児とティーンエイジャーも忘れずに）。こうしていろんな実験をして一〇週間も過ごせば、子どもをもつことが自分に合っているのか、いないのかが見えてくるだろう。

もしそんなことは大変すぎると思うなら、君たちは次のうちのどちらかにちがいない。（一）経験をとおして答えを出すことに興味がない。心はもう決まっているが、それを認める気になれないだけだ。（二）答えを出すために手間をかけるのが面倒だ。もしそうなら、子どもはもたない方がいいんじゃないかな。

KEYWORDS　実験　家族　幸福

孫に会わせてもらえなくてつらい

「かけ直してもいい？　今パパのために、僕の子ども時代の楽しい思い出をつくってあげてるとこなんだ」

親愛なるダンへ

娘は五年前に金もちの横柄な仕切り屋と結婚した。だからといって、かわいそうだなんて思わないさ。娘は自他共に認める玉の輿狙いで、旦那はうなるほど金をもっているんだから。私たちは失望を隠しきれず、結婚をよく思われていないことを知った二人に縁を切られてしまった。そのことはどうでもいいんだが、孫息子に会えないのがつらくてね。法的手段も検討したが、私たちの住む州では孫に面会する権利は祖父母に認められていない。何かアドバイスをもらえないだろうか？

レッジより

あなたの苦境については気の毒に思う。こういう複雑な問題にアドバイスするのは難しいが、いくつかアドバイスがある。まずは娘さん夫婦に電話をかけて、今までの行いや考えはまちがっていた、本当にすまないというんだ。正直いって、あなたが反省しているようには思えないが、この際それは脇に置いて、ただ悪かったとくり返そう。謝罪には、たとえ本心からでなくても相手の心を和らげる効果があることが、多くの実験からわかっている。興味深いことに、本心でないことを相手が知っていても効果がある。

要は、悪かったといって謝られると、その人に怒りをもち続けるのは難しくなるんだ。

プライドを捨てるのは簡単じゃないが、娘さん夫婦と孫息子との関係を、チェスのように考えるといい。本当に大切なのはキング（孫息子）で、あなたのプライドはポーンでしかない（まあ、ビショップでもいいが）。だから自分にとって本当に大切なもののためにプライドを犠牲にしてもいいじゃないか。

どうしても謝る気になれなかったり、わだかまりが強すぎたりしてこのやり方ではうまくいかない場合、どうしても孫息子に会いたいなら、家財道具をまとめて、娘さん夫婦の隣に引っ越すといい。そうすればいやでも顔を合わせるようになる。いくら娘さんでもそういう状況であなたに嫌な気もちをもち続けるのは難しいし、あなたが孫息子に優しく接していればなおさらだ（わが子によくしてくれる人や、気にかけてくれる人を嫌う親はいない）。そのうえ孫息子が「おじいちゃんとおばあちゃんと過ごしたい」とはっきりいうようになれば、ノーといえるはずがないだろう？

最後に私の経験からいうと、義理の両親の隣に暮らすのはとても助かるし、有意義だし、ためになるうえ、思った以上に楽しいことだね。

KEYWORDS　家族　記憶　寛容

息子が電話をくれない

「キャンプに出かけるとき、親は『分離不安』を見たいはずだ」

親愛なるダンへ
息子は出張が多く、前ほど話ができなくなった。もっとしょっちゅう話せる方法はないものかね？

ヨラムより

あなたの息子は多忙な生活を送っているだけで、電話をかけてこないからといって、あなたへの愛情や思いやりが薄れたわけじゃない。とはいえ、定期的に電話をする日時を決めて、カレンダーにも書いておけば、きっと会話は増えるよ。あ、それと南米から帰ったらまっ先に電話するから。

愛をこめて
ダンより

KEYWORDS 家族 時間 旅行

飛行機の旅はイライラばかり

親愛なるダンへ

仕事柄出張が多いんだが、アメリカ式の空の旅にはうんざりするばかりだ。時間の浪費、乗客の軽視、遅延についてのへたないい訳……。なぜ僕たちはこんなひどい環境に身を置くんだろう？

デイビッドより

私たちがなぜこれほどひどい扱いに甘んじ、もっと抗議しないのかはよくわからないが、私は君と同じ気もちになったとき、こんなふうに気を紛らわせているよ。まず、滑走路で待機を食らうたび、飛行の驚異に思いを馳せ、飛行技術がどんなにすばらしいかを思い出すようにしている。また旅行の惨めさは、私たちがみな同じ人間だという証拠だと考えるんだ。私の経験からいうと、空港警備員と航空会社の社員は、世界中どこでも判で押したように無礼で思いやりがない。このことから、人は似たような状況に置かれると（この場合でいうと、大変でつらく感謝されないサービスの仕事をさせられると）、多かれ少なかれ似たような行動をとることがわかる。こうした経験をすると、基本的かつ一般的な人間の性質をよりよく理解できるんだ。でもそれだけでなく、ますます多くの人が空の旅をするようになり、人類共通の性質を身をもって体験するようになれば、世界平和の実現に少しは近づけるんじゃないだろうか。とにかく、私はそう自分にいい聞かせているし、そうすることで気もちが落ち着くこともあるよ。

KEYWORDS

惨めさ　旅行　待つこと

休暇中の方がずるしやすい？

「そうね、この本について話し合う代わりに、なぜ誰も読む時間がなかったかを話し合いましょうか」

親愛なるダンへ
数日前から休暇を過ごしています。先生の「ずる」に関する本を読んで思ったんですが、休暇中の人はずるをしやすくなるんでしょうか?
ジュリーより

おもしろい質問だが、残念なことにこの問題についてはデータがないんだ。でも可能性をいくつか検討してみよう。休暇中の人がいつもより正直になるかもしれないのは、一つには休暇中はお金の問題を忘れようとするからだ。人がずるをする動機が、経済的利益を得ることにあるとすれば、お金の心配をあまりしないときは、ふだんより正直になるかもしれないね。正直になる二つめの理由として、休暇中の人はたいてい機嫌がいい。そして人は機嫌がいいとき、そうした状態を保つためにあれこれ努力することが、いくつかの証拠によって示されている。つまり、ずるをして、いい気分を台無しにするような危険を冒す人は少ないってことだ。

逆に、休暇中はあまり正直でなくなる可能性もある。一つめの理由は、休暇はなじみのない環境で過ごすことが多いからだ。いつもとちがう状況では、モラルに欠ける行いをしても自己イメージがそれほど傷つかないんだね。休暇中に不正が増えるかもしれない二つめの理由は、休暇中はルールがよくわからないから、多少曲げてもかまわないように思えるということだ。この国の信号無視の罰則は何だっけ？　ポルトガルではチップはいくら置くの？　トルコのホテルではタオルをもち帰ってもかまわない？　現実に目をつぶって自分のいいようにルールを解釈すれば、「正直ですばらしい人」という自己イメージを崩さずにずるをしやすくなる。

すべてを考え合わせると、休暇中は正直になりやすいのか、それともなりにくいんだろうか？　私は不正直になりやすいような気がするな。それはちがうというなら、ぜひ証明してほしい。

KEYWORDS　誠実さ　感情　自己イメージ

旅費の節約と快適な旅、どっち？

親愛なるダンへ

数カ月先に予定している旅行のために航空券の料金を調べているんだけど、いつも同じ問題につきあたるの。「今の私」は、旅費を節約するためなら、深夜便を乗り継いで不便な空港に着き、そこから数時間車を走らせて目的地に着くプランでかまわないと思ってる。でも「将来の私」は、友人の結婚式の前夜の午後一一時にレンタカーを受けとり、アリゾナ州フェニックスからトゥーソンまで二時間走ることになるわけだから、数百ドルをケチって、すでに大金がかかっている旅行をもっと快適にしようとしない自分に腹が立つんじゃないかしら。旅行予約サイトはチケット料金の予測能力を高めているというのに、私ときたら、自分がどうしたいのかを予測できないのよね。

将来の自分が、節約してよかったと思うかどうかを予測するには、どうしたらいい？　また予測が外れてしまったら、午前一時にトゥーソンのモーテルの駐車場にたどり着いた自分をどう慰めればいいかしら？

ルースより

君の問題のとらえ方は実に的確だね。「冷静な」状態にある今の君は、明確でわかりやすく、目が向きやすく考えやすい「価格」に関心がある。でも実際に旅行をするときになると、自分が疲れ果てて睡眠が必要な状態（「興奮した」状態）にあることを痛感するだろう。ところがこうしたことは、コンピュータの前に心地よくゆったりすわって旅行のプランを比較している今の君には、はっきりわからないんだ。

ちなみにこれは、今とは異なる精神的、感情的状態で経験する将来の消費について決定を下すたびに起こる、一般的な問題だ。

私のアドバイスはこうだ。的確な決定を下すために、今夜九時に洗濯乾燥機を回して、そのうえに二時間すわっていよう。楽しいフライトのシミュレーションだ。本格的にやるなら、ピーナッツとジンジャーエールを用意してもいい。一一時に「着陸」したら、周りを見回して、行方不明の靴下を探そう（荷物を探すシミュレーション）。こうして実際の旅行がどんな感じかを正しく理解できる状態になったところで、旅行予約サイトにログインする。そして、自分にとって数百ドル節約することと、早くベッドに就くことのどっちが大切かを考えてみるんだ。

シミュレーションの効果をさらに高めるには、自分が不快な長旅のあとどんな顔で結婚式の記念写真に写るかを想像するといいよ。

決定がうまくいくといいね。そして友人に「おめでとう!」と伝えてほしい。

KEYWORDS

旅行　予測　感情　意思決定

楽しい時間をもっと長く感じたい

親愛なるダンへ

僕は年に一度、親友たちと一週間のスキー旅行に出かけることにしている。ここ一〇年ほど続いている恒例行事で、男だけで山にこもり、和気あいあいと雪を楽しむってわけ。僕らにとってこの時間はほんとに大切で、毎年待ちきれないほどだ。でも問題があって、スキー場に着くと時間が矢のように過ぎてしまう。一週間が驚くほど早く終わってしまい、あとでふり返るとさらに短く感じられるんだ。「楽しい時間は経つのが早い」のは知っているけど、一週間をもっと長く感じられる方法はないものかな?

アヴィより

君の書きっぷりからすると、答えは簡単だ。奥さんたちを連れて行けばいい(ごめん、いわずにいられなかった!)。

もっとまじめにいうと、一週間を過ごしている最中にも、あとでふり返るときにも、旅行がそんなに短く感じられるのは、毎日がスキー三昧で代わり映えしないせいもあるんじゃないかな。だから、七日間の休暇のそれぞれの一日を過ごすというよりは、一つの長い経験をしているような気がするんだ。

今度旅行に行くときは、毎日ちがうことをして過ごすのはどうだろう。スノーボードをするもよし、スキーをしない日をつくるもよし、スキーのレッスンを受けたり、ソリ滑りを楽しんだり、ただスキーの道具を変えるだけでもいい。たとえスキーほど楽しめなくても、いろんな活動を織り交ぜることで、休暇が一つの長いスキーの経験としてではなく、多様な経験の連続として記憶される。そうすれば盛りだくさんの経験ができるうえ、仲間とのめくるめく一週間にやったことをもっとよく味わえるはずだ。

KEYWORDS　旅行　時間　経験

恒例イベントは守るべき？

「携帯電話の電波状況が一番いいのはどの道かしら？」

親愛なるダンへ

夏がやっと近づいてきたから、家族旅行の計画を立てようと思っている。ここ数年、フロリダで二週間過ごすのが恒例になっているんだけど、今年もいつものプランを続けるべきかな、それとも何かちがうことを試した方がいい？

マイケルより

一般的にいって、人はよく知っていることをやり続けることに心理的魅力を感じる。旅先なのにおなじみのチェーン店に行き、おなじみの料理やおなじみのアイスクリームさえ注文してしまうのは、私たちが確実なものごとに惹かれるからだね。わかりきったことをするより新しいことにトライした方が、そりゃ楽しいかもしれないが、もしかすると気に入らないかもしれない。それに「利益の喜びより、損失の悲しみの方が大きい」という「損失回避」の心理法則を考えると、惨めな経験をする不安が重くのしかかり、リスクを冒して新しいことを試す気にはなかなかなれないんだ。

これは三つの大きな理由からまちがっている。一つには、長い目で見てこの先二〇年ほど休暇や外食の機会があることを考えると、決まった選択肢に落ち着く前に、ほかにどんなものがあるのか、自分は何が好きなのか、どういう経験がベストなのかを開拓する価値があるのはまちがいない。二つめとして、多様性は人生のとても重要なスパイスだ。そして最後に、休暇は職場を離れる二週間だけのことじゃない。どんな旅行になるだろうと心待ちにし、想像をめぐらせながら過ごす時間も、帰ってから旅行中のすてきな瞬間を思い返す時間も、休暇のうちなんだ。休暇の三つの楽しみ方——期待に胸をふくらませ、旅行そのものを楽しみ、あとから思い出をかみしめる——のうち、一番時間が短いのは、実際に旅行している時間だ。

これらを考え合わせてひと言で答えるなら、新しいことを試すべきだね。

KEYWORDS　旅行　実験　幸福

マンネリを打破したい

「ほんとは家にいてドラマの録画を見ていたいんだけどね」

親愛なるダンへ

私たち夫婦には子どもがいません。同じ街の同じ家に一七年暮らしています。毎晩主人は帰宅すると、「今夜は何がしたい？」と聞いてくれます。でも半径八キロ圏にあるレストランは通い尽くして、メニューを空でいえるほどです。主人も私もお買いものや映画に出かけるのは好きじゃありません。彼の趣味は飛行機の操縦ですが、私は飛行機が苦手なんです。私は家で仕事をしているので、たまの夜のお出かけは大歓迎なのに、結局家にいてテレビを見るだけのことが多いです。二人ともテレビは好きじゃないのに！　どうしてこうなるのか説明してもらえないでしょうか、そしてマンネリから抜け出すにはどうすればいいと思いますか？

シャーリーンより

君たちの根本的な問題は、経済学でいう「協調問題」だ。毎晩君とご主人は、二人が納得できて、二人ともが楽しめる活動を探そうとする。二人が理想とする活動が一致しないんだから、これは大変なことだ。おまけにテレビを見るという、最適とはいえない活動がデフォルトの選択肢――君もご主人も楽しめないが、協調の問題を簡単に解決できる選択肢で、もっといい解決策がないときの間に合わせ――になっている。

この難問に対処するには、「同時の」協調を、「段階的な」協調の問題に変えるという方法もある。これをするには、それぞれの夜はどちらか一人だけが満足するが、全体として見れば二人ともがより楽しめる活動を経験できるような計画を前もって決めておく必要がある。具体的な手順を説明しよう。まず君のやりたい活動を一枚のカードに一つずつ書き、ご主人にも同じ枚数のカードに好きな活動を一つずつ書いてもらう。何をするかを決められない夜には、カードをシャッフルして一枚引くんだ。それと、カードを引いたらそこに書かれた活動を行わなくてはいけないと、あらかじめ決めておく。このやり方をすると、どちらか一人（好きな活動をする方）がとても楽しめるうえ、全体としても楽しみが増す。だって、毎晩まったく楽しめないよりは、とても楽しめる日が週に何日かある方がいいだろう。

最後にお勧めとして、ワイルドカードを何枚か混ぜておこう。歌を歌う、詩をつくる、陶芸、ボランティア、スクエアダンスなど、二人とも好きかどうかわからない活動を書いたカードだ。この戦略をとると、楽しくない学習経験をする――自分がその活動をどれくらい嫌いなのかという認識を新たにする――だけで終わる夜もあるが、二人が心から楽しめる新しい活動が見つかって驚くこともあると思うよ。

KEYWORDS　**結婚　協調　経験**

友人と何をして遊ぶか決められない

親愛なるダンへ

遊び仲間に会うと、いつも「どこ行く？」「さあ」「どこに行きたい？」「どうしよう」みたいな堂々めぐりになって、イライラして気分が悪いし、時間がもったいない。さっさと決めて行動に移るにはどうしたらいいかな？

マシューより

誰かが「今夜何がしたい？」と聞くのは、実は「すべての選択肢とすべての関係者を考えたとき、今夜できる一番おもしろいことは何だろう？」という意味なんだ。

問題は、絶対的に最高の解決策（最適な解決策）を見つけるのがとても難しいことだ。まずあり得る選択肢を一つ残らず洗い出し、グループ全体とメンバー一人ひとりの好き嫌いをはっきりさせ、そうした制約と選好を満たす行動のなかから最適なものを一つ選ばなくてはならないんだから。

根本的な問題は、最適な活動を探そうとするときに、時間のコストを考慮に入れていないことにある。君たちは「何がしたい？」といい合って、みんなで過ごすせっかくの時間を無駄にしている。それはたぶん、時間の使い方としては最悪だね。

私ならこんなふうにするよ。「この時間までにやることを決める」というタイムリミットを設定し、いい案を思いつかなかった場合の「デフォルト」の活動を前もって決めておくんだ。たとえば、そこそこ楽しめる活動（Xに飲みに行く、Yでバスケットボールをするなど）を選び、一〇分以内にいい案が浮かばなかったら、XかYに行くよとみんなに宣言する。

それから、君の本気度を示すために、スマホのタイマーをセットする。タイマーが鳴ったらみんなで連れ立ってさっさとXかYに向かい、すぐに来られない人とは現地で合流する。これを何度かくり返すうちに、みんなこのやり方に慣れて、無駄な習慣を終わりにできるはずだ。

KEYWORDS　友人　意思決定　協調　時間

スポーツ・ファンは不合理だ

親愛なるダンへ

先生はよく、失う痛みは得る喜びよりずっと大きいという、「損失回避」の法則について書いていますね。この間のサッカーのワールドカップは、おそらく世界史上最多の観衆を集めたイベントで、世界中のファンがのめり込んでいましたね。もし損失回避の原則どおり、勝利の高揚感より敗北の苦痛の方が強く感じられるなら、なぜどこかのチームのファンになったりするんでしょう？　だってファンとしては、チームが負けるか（先生によれば、非常につらいこと）、勝つか（先生によれば、それほど極端な感情的インパクトをもたらさないこと）が五分五分だとすれば、トータルで見るとつらい思いの方が大きいから、決して割のいい話ではないはずです。

僕は損失回避をスポーツにあてはめるうえで、何か見落としているんでしょうか？　それとも損失回避はスポーツにはあてはまらないんでしょうか？

フェルナンドより

ファンに関する君の説明を読むと、人はどのチームのファンになるかを自由に選択できて、特定のチームのファンになることの費用と便益を注意深く考えてからその決定を下すという暗黙の前提に立っている。でも私たちがどのチームを応援するかという選択は、合理的な選択というよりは、むしろ宗教的確信に近いんじゃないかと、私自身は思っている。つまりチームを選ぶとき、私たちは能動的な選択をしているのではなく（少なくとも、情報を与えられたうえでの意図的な選択ではない）、周囲の環境や親、友人からチームへの愛着を「授けられる」んじゃないだろうか。

君の質問に隠れているもう一つの前提は、私たちは負けたときのつらい気もちと、勝ったときの高揚感とを比較検討したうえで、応援するチームを選ぶ、というものだ。でもこの説には問題がある。人はチームが負けたときに自分がどんな気もちになるかをうまく予測できないんだ。つまりチームを選ぶ際に、損失回避の影響をすべて正確に考慮に入れていない可能性があるということだね。

また君は、損失回避がスポーツのイベントにはあてはまらないのではないかと尋ねている。これはとても興味深い可能性で、なぜ君が（部分的に）正しいのかを考えてみよう。スポーツ観戦は、結果がすべてじゃない。むしろ試合の展開に一喜一憂することが醍醐味だ（ブラジルがドイツに一対七で惨敗した二〇一四年の準決勝でさえそうだった）。金銭のギャンブルとはちがって、試合は時間をかけて行われ、試合の持続時間そのものが楽しみの大きな部分を占める。わかりやすく説明するために、Nさん（無関心な人）とFさん

（ファン）の二人がいたとしよう。損失回避の考え方によれば、試合後、Nさんは結果にかかわらず中立的な感情をもち、Fさんは五分五分の確率で、やや喜んでいるか、とてもがっかりしているかのどちらかだ（この二つのあり得る結果の期待値はマイナスになる）。でも、この議論で考慮されているのは試合の結果だけだ。試合中の喜びはどうだろう？この点に関しては、Nさんは試合中に感情的価値はほとんど得られない。そもそも試合に無関心だから、スマホをチェックしたり、チャンネルを変えたりして過ごすだろう。他方Fさんは試合経過に一喜一憂し、チームや試合と一体化し、感情移入しながら過ごすはずだ。そんなわけで、試合中の経験と最終結果の両方を考慮に入れると、真剣なファンは試合後にとてもつらくがっかりした気もちになるリスクを負うが、そうすることで試合全体からずっと大きな楽しみを引き出しているといえる。生活のほかの多くの面もそうだが、最終結果より経過を楽しむことの方がずっと大切な場合が多いんだ。

KEYWORDS　**スポーツ　損失回避　感情**

割り勘の一番いい方法は？

「部屋全体を見渡せる場所にすわって、あとから来た人に先に料理が運ばれないかどうか見張ることにしているのさ」

親愛なるダンへ

仲間で食事に行くとき割り勘する一番いい方法を教えて。

ウィリアムより

これは友情、社会正義、経験の最適なデザインという複雑な問題の絡む、実に重要な質問だ。

割り勘の方法は、基本的に三つある。各自が自分の飲み食いした分を支払う方法、勘定を頭割りにする方法、そして一人が全員の分を支払い、支払う人をもち回りにする方法だ。私が一番気に入っているのはもち回り式で、二番めが頭割り、そして一番好きじゃないのが各自が飲み食いした金額を支払う方法だ。理由を説明しよう。

自分の分だけ支払うやり方だと、誰もがにわか会計士になって、自分の飲み食いした分をレシートから探して値段をメモし、せっせと足し合わせなくてはならない。おまけにこの腹立たしい会計処理のせいで、せっかくの夜が台無しになってしまうんだ。経験をどのように終えるかは、経験全体の記憶を大きく左右するから、その夜全体が暗い影に覆われてしまう。

頭割り式は、全員の食べる量が（ほぼ）同じときはうまくいく。でもたとえそうだとしても、クレーム・ブリュレがどんなにおいしかったかを思い出す代わりに、スージーがメインディッシュをあんなにどっさり食べたのに払った額が同じだったと考えながら夜を終えるのがどんな気分か、想像してほしい。

最後の(私のお気に入りの)方法は、誰か一人が全員の分を支払い、毎回支払う人をもち回りにすることだ。同じメンバーでわりあい頻繁に外食するなら、結果的にこれがずっとよい解決策になる。なぜか？　まず何より、誰かにおごってもらうととても幸せな気もちになるが、この方法にするとおごってもらう人の数が最大になるからだ。二つめの理由として、全員の食事代を支払う人は大金を払って心が痛むが、おごってもらった人たちの喜びを足し合わせると、ネガティブな感情を補ってあまりあるからだ。経済用語でいうと、社会的厚生が高いということになる。そして三つめとして、おごる人自身も与える喜びを感じるからだ。たとえば友人のジェイデンとルカが、行きつけの中東料理店に行ったとしよう。勘定をきっかり頭割りにする場合、それぞれが一〇単位の惨めさを感じるとする。でもジェイデンが二人分払えば、ルカは〇単位の惨めさと、おごってもらう喜びを感じる。また支払い額が増えるにつれて感応度は逓減《ていげん》するから、ジェイデンが感じる惨めさは二〇単位より小さく、一五単位くらいかもしれない。そのうえジェイデンは大好きな友人におごることで、幸福度が高まるかもしれないのだ。

それじゃ、食事に行くメンバーが毎回同じでない場合はどうする？　そんなときでも、この方法をとる価値はあると思うよ。時たまお金を払って心が痛んでも、全体として見たときの喜びはそれを補ってあまりあるからだ。

KEYWORDS

友人　飲食物　支出　感情

食べ放題は何から食べるべき？

「目標を定め、達成し、達成できることを証明したんだから、
あとは野となれ山となれ」

親愛なるダンへ
食べ放題のビュッフェの投資収益率を最大化する方法は何かな？　最初にデザートを攻略してから前菜に行く？　それともサラダから始めて、メインコースではヘルシーなものだけを選ぶ？

サイードより

食べものの投資収益率（return-on-investment）、略してＲＯＩを考えるという君の切り口はおもしろい。でも生活のほかのどんな面にもいえることだが、正しい種類の収益に目を向けなくてはいけないね。君のまちがいはとくに、長期ではなく短期の収益にとらわれていることだ。ビュッフェに行って短期のＲＯＩを最大化しようとすると、食べものをたらふく詰めこんだはいいものの、その行動が引き起こす長期的影響に苦しむことになる。たとえばジムで余分な労力を費やしたり、贅肉を増やすはめになるかもしれない。余分な摂取にどんな方法で対処しようと、短期の最適化には何らかの代償が必ず伴うんだ。
ビュッフェに行くときに（生活のほかの分野でも）やりがちなもう一つのまちがいは、ビュッフェの運営者にとってのコストを最大化しようとすることだ。一般に、私たちは高価な食べものを食べるとなぜか得をしたような気分になる。でもいうまでもないことだが、私たちが（ビュッフェと同様）人生でめざすのは、誰かにとってのコストを最大化することじゃなく、自分の楽しみを最大化することだ。キャビアよりパンとチーズが好きな人は、本当に嫌いかどうかをたしかめるために時々はキャビアを試すのもいいが、より大きな喜びが得られる食べものに集中した方がいいね。

というわけで君の質問に戻ると、私のアドバイスはバランスのとれた健康的な食事をすることだ。でもビュッフェは目新しい料理をたくさんとりそろえていることが多いよね。そこで、「変化は人生のスパイスである」ということわざにならって、多少の例外を設けて、一度も試したことのない珍味をちょっと試すのもいいだろう。何ごとも経験だ。

KEYWORDS　飲食物　長期的思考　経験

好物は先に食べるかあとで食べるか

ダンへ
腹ぺこのときに、サンドイッチを二個食べるとする。一個がとてもおいしくて、もう一個がイマイチなら、どっちを先に食べるべき？
パブロより

私の大学時代の友人は、ほかの仲間がまだ子どもをもつことなんて考えてもいないときに子どもが生まれた。彼は（先輩風を吹かせて）こんな忠告をしてくれたものだ。「自分がどういう食事がしたいのか、考えてごらん」と彼はいった。「毎日三食そこそこいいものを食べたいか、ふだんは粗食で節約して、たまにとびきりいい食事をしたいのか」「君が後者なら、いますぐ子どもをつくるんだな。子どものいる生活は、ふだんはそう楽しいもんじゃないが、たまにとんでもなく嬉しいことがある。でも前者なら、子どもをもつのは考え直した方がいい」と。

子どもをもつことを食事にたとえるのが適切かどうかはわからないが、君の質問を考えるうえで参考になりそうだ。

この思考実験は要するに、君がどんな経験からもできるだけ大きな楽しみを引き出そうとするタイプなのか、それとも経験のどん底の部分——最低レベル——を避けたいと思うタイプなのかを尋ねている。

質問に答える前にもう一つ、感受性の低下について説明しておこう。どんな料理を食べるときも最初のひと口（一番お腹が空いているとき）が一番おいしく、二口めはおいしさがやや薄れ、最後の一口は一番喜びが少ないんだ（スペインの作家セルバンテスも『ドン・キホーテ』のなかで、「空腹は最上の調味料である」といっている）。

それじゃ、質問に移ろう。もし君が喜びの最大化を求めるタイプなら、おいしいサンドイッチを先に食べて、空腹とサンドイッチのおいしさの相乗効果で最初の喜びを高めるのがいいだろう。もちろん、このやり方だとあとの方の喜びが薄れるが、喜びを最大化するためにはそれくらいの犠牲はやむを得ない。

逆に、もし君が最低レベル回避タイプで、均質な経験を望む——とびきりよい経験をあきらめる代わりにどん底も避けたい——なら、イマイチのサンドイッチを先に食べよう。そうすれば食事の前半はサンドイッチの味は悪くても、空腹でおいしさが増すし、後半はサンドイッチはおいしいが、食事の後半だからおいしさがやや薄れる。

私としては、「一番よいものは最後にとっておく」なんて教えは無視して、一番楽しみが大きい部分に集中し、おいしいサンドイッチを先に食べたい。それにこうすれば、イマイチのサンドイッチを食べるころにはもうお腹が膨れていて、食べる量を減らせるというメリットもあるね。

KEYWORDS 飲食物　経験　幸福

ワインのちがいがよくわからない

「お値段のショックから回復するお時間を差し上げましょう」

親愛なるダンへ

僕は外食好きで、夕食にワインを飲むのも大好きだ――でも実はワインのちがいがよくわからなくて、どのワインを注文すればいいのか、いくらお金をかけるべきなのかさっぱりわからない。ウエイターやソムリエにアドバイスを求めることもあるけど、土壌やらあんずの風味やらについてのこじゃれた説明を聞いても、どのワインが食事にぴったりなのかなんてわかりやしない。ワインを注文するたび、自分が無能でつまらない人間に思えて仕方がないんだ。ワインを注文する方法について、何か簡単なアドバイスはないかな？

ジョシュより

ワインリストからワインを選ぶときは、まず自分が戦場にいることを自覚しなくてはいけないよ。それもただの戦いじゃない、君のお金をめぐる戦いだ。（君の貯金をできるだけ引き出そうとする）レストランと、君の銀行口座との戦いなんだ。おまけにレストラン側は、意思決定（ワインに関する決定を含む）のプロセスについて、君よりずっと多くのデータをもっているうえ、自分たちに有利なようにメニューを設定できるという強みがある。

とくに人がほかの選択肢との兼ね合いでメニューを選ぶことを、レストランは知っている。たとえばワインリストに(一本二〇〇ドル以上などの)ものすごく値の張るワインが含まれると、それ自体が注文されることはほとんどないが、リストにそれが載っているだけで、七〇ドルのワインがずっとお得に思えるんだ。

それに、安いものが好きなくせに安っぽく見られるのを好まない人が多いことも、レストランはお見通しだ。つまり、メニューの一番安いワインを注文するお客はほとんどいないんだね。けちん坊たちが好むのは、リストの二番めに安いワインだ。レストランはこれを知っているから、ワインリストのこの絶好の位置に利ざやの大きいワインを載せている。

最後に、レストランはもう一つ武器をもっている。私たちの自信をさらに失わせ、混乱させる、ウエイターとソムリエだ。意思決定のどさくさに紛れて高めのワインを選ばせるなんて、彼らにとっては朝飯前だ。

さてこうして実態を理解し、ワインの注文を戦いと見なせば、先回りができる。たとえばワインにかける上限金額を前もって決めておくのはどうかな。宗教上の理由でこの金額以上をワインにかけられないから、宗教が許す範囲でいいワインを選んでほしいと、ウエイターに頼むのもいい。本気で反撃するなら、チップとワインの合計金額を五〇ドルに決めてあると、ウエイターにいってみよう。つまりワインが高ければ高いほど、チップに残る金額が減るってわけだ。何を勧めてくるか、お手並み拝見といこう。

KEYWORDS

飲食物　支出　意思決定　価値

ニンニク食べたら元気もりもり

親愛なるダンへ

最近娘の勧めで、毎日二片ずつニンニクを食べ始めてね。おかげで元気もりもりで、ストレスも減ったような気がするよ。これはニンニクのおかげだろうか、それともプラセボ効果なんだろうかね？

ヨラムより

ニンニクにどんな効果があるのかはわからないが、そんなに気分がいいのは、周りの人が近寄ってこないせいだと考えたことはあるかな？

KEYWORDS　**飲食物　健康　他者**

ダイエットがつらい

「間食じゃないわ、自己療法よ」

親愛なるダンへ

これはたぶんとてもよくある質問だと思います。誰もがダイエットに励んでいるようだから。私の質問はこうです。人はなぜ食べるという目先の快楽に負けて、長い目でものごとを考えることができないんでしょう? なぜ自分の健康を害するようなことをくり返しやってしまうのかしら? どうすれば食べたい、食べまくりたいという欲求をコントロールできますか?

ダフナより

君のいうとおり、ダイエットは私たちの生まれもった性質と相容れない行動だ。私たちは将来の自分について、つまり将来の自分がすることとやしないこと、下す決定や下さない決定について、夢のような理想をもっていることが多い。でも日々の決定となると、目先のことを優先して、長期的な希望や願望は二の次、三の次にしがちだ。お腹が空いていないときに「来月は何回デザートを食べるつもり?」と聞かれたら、せいぜい一、二回と答えるだろう。でもレストランに行って、ウエイターにデザートメニュー(どころかデザート満載のトレー)を見せられ、そのなかに自分の大好物があったりすると、今デザートを食べることがとてつもなく重要なことになる。チョコレートクリームを挟んだ濃厚なチョコレートケーキを見たとたん、優先順位がコロッと変わる。これが、行動経済学で「現在志向バイアス」と呼ばれる現象だ。

おまけに、ダイエットを続けることは、たとえば禁煙に比べてずっと難しい。なぜか？喫煙はするかしないかを選べるが、食事には食べるか食べないかという選択はない。どんな人でも必ず食べなくてはいけないから、「何を食べるか、いつ食べるのをやめるか」が問題になる。そして食事には、いつどんなふうにやめるべきという明確なルールがないから、どんなダイエット法も守るのは至難のわざ、というわけだ。

それじゃどうしたらいい？　一番簡単なのは、この問題がとても難しいことを肝に銘じて、ダイエットを挫折させるようなデザートを、最初から目に入れないことだ。家にケーキの代わりに新鮮なピーマンでも置いておけば、ケーキを食べる量はずっと減るよね。デザートは絶対食べないとか、決まった日にだけ食べるというルールを決めてもいいね。それから、とても簡単で役に立つ方法として、ソフトドリンクやスナックを家に入れない決まりにしてもいい。こういう厳しい戒律のようなルールをダイエットに適用するのは、とても効果が高い。ルールに照らして、自分が長期計画から外れていないかどうかをいつでも確認できるから、望ましい行動を促進できるわけだ。

KEYWORDS　**ダイエット　自制心　ルール　バイアス**

夜になると自制心がなくなる

「お料理が多いときは、半分だけにしておいて、残りの半分は数分後にいただくの」

親愛なるダンへ

夜更かしをすると冷蔵庫をあさってしまい、いつもダイエットが台無しよ。日中はなんとか誘惑に勝てるのに、夜には自制心がはたらかないようなの。どうしたらいい？

メニより

それは、「消耗」と呼ばれるよく知られた現象だ。私たちは一日中小さな誘惑に向き合い続けるが、がんばってはねのける。仕事のできるきちんとした人間でいるために、何かを買いたい、先延ばしをしたい、ユーチューブで最新のネコ動画を見たいといった衝動をこらえ、自分自身と周りの誘惑をコントロールする。

でも衝動に抗う力は筋肉に似ていて、使えば使うほど疲れがたまり、あるとき――夜のことが多い――誘惑に抵抗できないほど意志力が弱くなる。バーやストリップクラブなどの「誘惑産業」が主に夜間に営業するのは、このためでもある。私たちは一日中誘惑に抵抗し続けているから、夜になると疲れ果て、陥落寸前になる。誘惑産業は私たちを失敗させて利益を得ようと、虎視眈々《こしたんたん》と狙っているんだ。

消耗の問題を乗り越える方法に、ギリシャ神話のオデュッセウスと怪鳥セイレーンの物語にならったものがある。オデュッセウスは自分の体を船のマストに縛りつけ、セイレーンの島を通り過ぎるまでは何があっても縄を緩めてはならないと、船乗りたちに申し渡した。おかげでオデュッセウスは誘惑に駆られず海に飛び込んでセイレーンの魅惑的な歌声に向かって泳がずにすんだ。

この戦術を現代に置き換えるにはどうすればいいかな？　魅惑的な食べものをすべて家からなくしてしまおう。将来の自分は誘惑をはねのけられるから、チョコレートケーキを買っても、毎日ひとかじりずつしか食べないと思うかもしれない。でも私たちがとても挫折しやすく、一日の終わりにあっけなく失敗してしまうことをわきまえて安全策をとり、そもそも冷蔵庫にケーキを入れておかない方がいいよ。

KEYWORDS　ダイエット　自制心　飲食物

たかがコーヒー一杯にその値段？

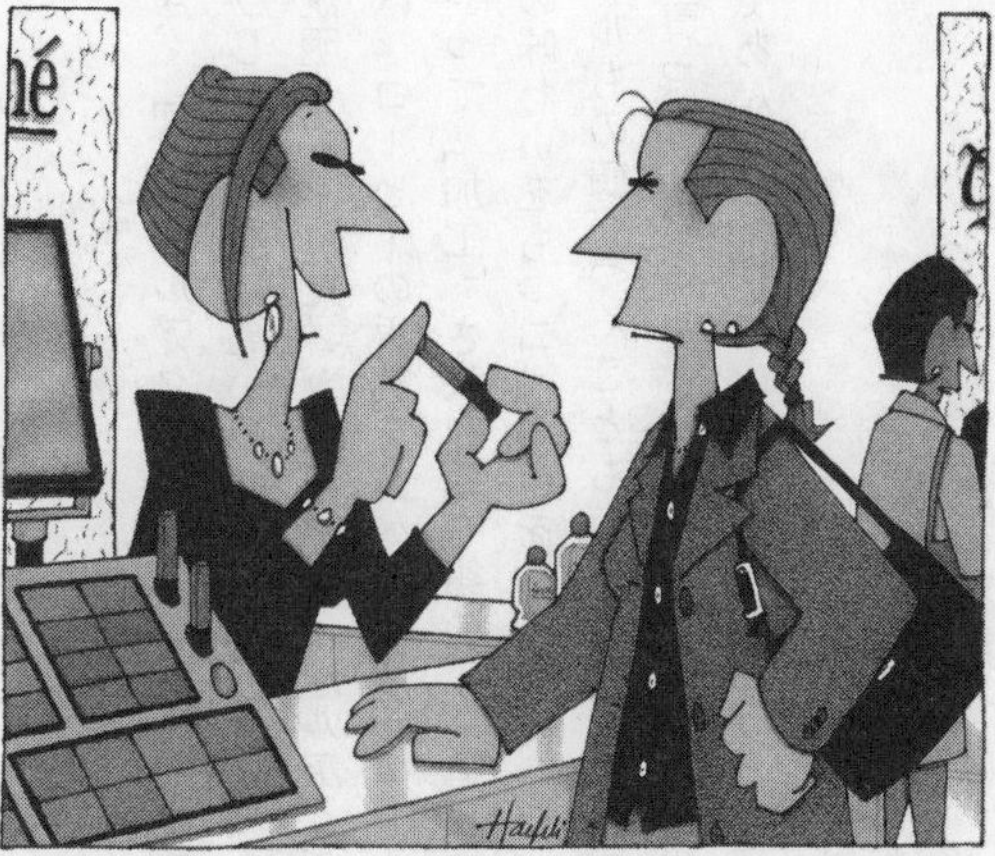

「ええ、この口紅はウサギで実験ずみで、ウサちゃんたちの大のお気に入りだったんですよ」

親愛なるダンへ

この間ロサンゼルスを旅行したとき、「コピ・ルアク」という、とても高いコーヒーを出す喫茶店に入ったんだ。どうしてそんなに高いのかとバリスタに聞くと、このコーヒーをつくる特別な工程を説明してくれた。ジャコウネコ（ルアク）という、ネコに似たインドネシアの動物は、コーヒーの果実を食べて、種子（コーヒー豆）だけを糞として排泄する。そうやって「加工」された豆を集めて、消化器を旅することでなめらかになった、独特の味わいをもつコーヒーをつくるらしい。一ポンド〔約四五四グラム〕あたり数百ドルもの値がつくこともあるとか。僕はおもしろいと思ったけれど、お金を出して買ったり、ましてや飲んだりするほどの興味（や勇気）をもてなかった。どうしてあんなコーヒーに大枚をはたこうという人がいるのか、説明してもらえないかな？

チャーリアーより

まずいっておきたいんだが、君はまちがいをしでかしたね。有り金はたいてでも一杯飲むべきだった。だって君は今でもその変わった珍しいコーヒーが気になっているんだし、試してみたらずっとおもしろい体験談を語れたじゃないか（いいネタを仕入れるためなら、多少の出費はなんのそのだ）。だから今度コピ・ルアクを出す店を見つけたら、ぜひ試してみよう。なんなら、ジャコウネコの毛などのトッピングをのせたダブルショットでもいい。

コピ・ルアクの品質についていうと、私が見つけた宣伝用資料によれば、ジャコウネコは最高のコーヒー豆の見つけ方を知っていて、しかもその豆が消化器のなかで発酵して酸味が抑えられるから、とびきりおいしいコーヒーになるらしい（具体的なしくみはさっぱりだが、話としてはおもしろいね）。

肝心な問題は、なぜコピ・ルアクに大金を出そうとする人がいるのか、ってことだ。一つには、もの珍しさとおもしろさにお金を出すんだろう。それに、生産にかかった労力の量（と種類）にお金を払っているというのもあるね。この特別な生産工程は、普通のコーヒーをつくるより明らかに複雑だ。人はたとえ製品自体が優れていなくても、労力がかかっているというだけで、高いお金を払おうとするんだ。そしてコピ・ルアクこそ、労力をもとにした価格づけの最たる例だ。

最後にもう一ついっておくと、このコーヒー豆がインドネシアの動物じゃなくて、アメリカの人間の体内を通っていたら、人はいったいどれくらいのお金を払おうとするだろうね。私の予想では、話のタネとしてはおもしろいし、多大な労力がかかっているのもたしかだが、ちょっと刺激が強すぎるような気がする。

KEYWORDS
飲食物　価値　経験

同じ距離なのに面倒くささがちがう

親愛なるダンへ

僕は行きつけのカフェで朝食によくサンドイッチを食べる。食べ終わったら包装紙をもって五メートル先のゴミ箱まで歩いて行き、捨ててからまた席に戻る——実にスムーズな流れだ。でもたまに席にすわったままゴミ箱に紙を投げ入れることもある。僕はシュートがヘタだから、（案の定）入れ損なうと、やっぱりゴミ箱まで行って、紙くずを拾って捨てることになるんだよね。でも、歩く距離はどっちも同じなのに、入れ損なってゴミ箱まで歩く方がずっと面倒くさい。

同じ距離を歩くのに、なんでこうも感じ方がちがうんだろう？

リチャードより

君の質問への答えは、「反事実」の世界にありそうだ。反事実的思考とは、「もし～だったらどうなっていたか」を考え、その架空の現実と今の状況を照らし合わせる方法をいう。君の毎日のできごとと反事実的思考がどう結びついているかを説明しよう。君はゴミ箱を狙ってミスすると、「シュートを決めていたらどうなっていたか」をありありと想像するから、ゴミ箱まで歩いていく苦労と、その想像の世界とを比べてしまい、がっかりする。でもそもそもシュートしなければ、別世界を想像することもないし、それと現実とを比べてがっかりすることもない。

私のアドバイスはこうだ。サンドイッチを買ってコーヒーを注文するとき、コーヒーは三分後に淹れて下さいと頼もう。それからサンドイッチをもってテーブルにすわり、包装紙をゴミ箱に投げ入れる。でも今度はゴミ箱に入っても入らなくても、どのみちコーヒーをとりにカウンターまで行くことになる。見事入ったら、おめでとう！　入らなかったら、コーヒーをとりに行くついでに紙くずを拾えばいい。こうすれば、シュートが決まって歩かずにすむ別世界を想像することもないし、反事実とも無縁だし、何かと比べて気を悪くすることもない。よい朝食を。

KEYWORDS　後悔　感情　飲食物

運動すると頭がすっきりする？

親愛なるダンへ

ひと走りすると頭がすっきりして、仕事上の大きな問題に集中できるっていうよね。本当かな？　明晰な頭で考えるには運動が必要なんだろうか？

サムより

私が思うに、ランニングは頭をはっきりさせる最良の方法なんかじゃない。実際、ランニング中に仕事のことなんか考えたら、利用者の悩みや苦しみ、心痛を高めるような製品やサービスを設計するはめになる。そう考えると、ケーブルテレビ会社のカスタマーサービスはランニング中に生まれたのかもしれないな。

KEYWORDS　職場　経験　惨めさ

運動なら長時間集中できるのに……

「ちょっとエンドルフィン《幸福ホルモン》を出しにいってくるよ」

親愛なるダンへ

僕の職場には仕事に二〇分と集中できない人がたくさんいる。なのに彼らときたら、長時間のエクササイズは難なくこなすし、驚いたことに長い間集中して運動を続ける能力もあるようなんだ。この矛盾を説明してくれないかな?

マイケルより

実はこれは矛盾ではなく、最近私が学んだように、同じものごとの表裏なんだろう。数週間前、私は会議に出席するためにカリフォルニアに飛んだ。午前四時三〇分に家を出て、一〇時にサンフランシスコに着き、出るべき会合に出て、午後五時には疲れ果てていた。仕事関連の雑用がたまっていたから、少しはやろうとしたが、困ったことにもう余力がなかった。そこで何をしたかというと、走りに出かけたんだ。

ふだん私は定期的に、そう五年か一〇年に一度は走るようにしているが、このときのランはほんとに爽快で、走ることに対する見方が変わった。少し走っては歩き、その間ずっと音楽を聴いていた。つらくてすぐに息が上がったけれど、たまっている仕事を片づけるときに感じる精神的疲労とはまったくちがった。私は仕事をさぼり、しかもそのことに満足していた。

そんなわけで私はこう考えるようになった。仕事を楽しんでいない人や、綿密さが求められる複雑な仕事に集中するための精神的スタミナがない人は、運動のための長い休憩をとることが多いんだ。たとえばもし君の同僚が、読書や映画鑑賞のために二時間の休憩をとったら、時間を浪費するだけで組織や社会に何の貢献もしない、利己的な怠け者だと思われるだろう。でも私たちの社会規範では、「体を動かすのは健康にいい」と決まっている。だから運動は、仕事をさぼり、そのことに満足し、職場に残って代わりにはたらいてくれる人たちの敬意を得るための、まったく理に適った口実になるんだ。

こうして罪悪感を感じずに休憩をとる方法を見つけたからには、これからはしょっちゅうランに行くつもりだよ。

KEYWORDS　職場　運動　先延ばし

アリエリー先生の服、変わってる

「お客がアドバイスを聞くのはゲイに見える店員だけ」

親愛なるダンへ
この間先生の講演を聞きましたが、ユダヤジョークを連発するイスラエル人男性が、なぜインドふうのシャツを着ているのか不思議でした。
ジャネットより

私はファッションのアドバイスができるような柄じゃないが、この件だけは例外だ。私は楽な服装をすることに強いこだわりがあるんだが、一つ問題があって、仕事上の集まりではたいていスーツに窮屈な靴というドレスコードが指定されている。いったい誰があんな着心地の悪い服装を発明したのかはわからないし、最初はきっと冗談でつくって着てみたにちがいない。でもどうやって発明されたにせよ、とにかくスーツというものが現に存在するわけだ。

そこでどうしたか？　こう考えたんだ——民族衣装を身につけていれば、政治的に正しい人（つまりアメリカのほとんどの人）に、服装がくだけすぎてるなんて文句をいわれないだろうと。そんな批判をしたら、インド亜大陸全体を敵に回すことになるからね。

こうして考えると、私はファッションのアドバイスも始めるべきかもしれないな。

KEYWORDS

ファッション　政治的な正しさ　幸福

ネットフリックスが許せない

「カゴにタマゴが 10 個入っていました。2 個落ちて割れたら、どれだけ悲しくなりますか？」

親愛なるダンへ

私は長年のネットフリックス・ユーザーです。最近ネットフリックスが映画のラインナップを一八〇〇本も減らし、代わりにとてもいい映画を少し加えました。この一八〇〇本の映画はたぶん、もともと見るつもりもなかったものばかりだけど、それでも腹が立って、ネットフリックスを解約してしまおうかとさえ本気で思っています。どうしてこんな気もちになるのかしら？

クリステンより

私も映画ファンだから、君が疑問に思う気もちはよくわかる。映画が削除されたことへの感情反応を引き起こしているのは、「損失回避」の法則だ。損失回避は、社会科学の法則のなかでもとくに本質的で、理解が進んでいる法則で、ざっくりいうと、同じ価値のものであれば、得るより失う方が感情的なインパクトが大きいことをいう。ネットフリックスの例でいうと、ラインナップから映画が削除されることは「損失」として認識されるから、ひどい苦痛に感じられる。失うことのインパクトはとても大きいから、イマイチな映画を失う苦痛は、客観的に見てそれよりいい映画を得る喜びよりずっと大きく感じられるんだね。

損失回避からもう一ついえるのは、君のような長年のネットフリックス・ユーザーがこれをややネガティブかつ損失回避的に受けとめるのに対し、新しいユーザーは何かを奪われるわけでもなく、ただ新しいラインナップを見せられるだけだから、更新されたコレクションをずっとポジティブにとらえるということだ。

このことをふまえて私が提案したいのは、ネットフリックスを美術館のようなものと考えることだ。特定の映画を提供するサービスじゃなく、厳選した最適なエンターテイメントを提供してくれるサービスだと考えてごらん。相手が美術館なら、所蔵作品を自分が所有しているとは思わないから、展示品が変わっても腹が立たない。視点を変えれば、ネットフリックスをもっと楽しめるはずだよ。

KEYWORDS 娯楽　損失回避　価値

人づき合いはフェイスブックだけ

「なまけてるだって？　必死にSNSしてるのに」

親愛なるダンへ
フェイスブックの「いいね！」ボタンは何のためにあるんだろう？　なぜフェイスブックは「よくないね！」とか「最悪だね！」みたいなボタンを提供しないのかな？

ヘンリーより

フェイスブックの「いいね！」ボタンには、相手に共感を示す以上の意味がある。このボタンは、ものごとにどんなふうに反応していいのか、反応すべきなのかを私たちに教える、社会的協調のしくみなんだ。どんなことを投稿していいのか（いけないのか）をさり気なく指示し、フェイスブック上でどんな行動をしていいのか、いけないのかをやんわり示している。「よくないね！」や「最悪だね！」のようなボタンが加わったら、投稿を読むときの心理状態が変わってしまう。ネガティブな反応が促され、フェイスブックのポジティブな雰囲気があっという間に壊れてしまうんじゃないだろうか。

＊＊＊

親愛なるダンへ
数年前に大学を卒業してから、人づき合いはフェイスブックだけになってしまった。そんな生活は全然いいと思えないんだ。

ジェームズより

フェイスブックにはすばらしい面がいろいろあるが、生身のつき合いの代わりにはならないという君の意見には賛成だ。
君はたぶん、大学時代は人づき合いがよかったが、その一方で教育ローンの残高が積み上がっていった。今や人づき合いの部分が終わり、教育ローンだけが残っている。そろそろ逆襲を図るべきときが来たのかもしれないよ――今度「俺が生きていようが死んでいようが、誰も気にしない」なんて気もちになったら、ローンの返済を二度ほど止めてみよう。たちまち注目を集めることまちがいなしだ。

KEYWORDS　ソーシャルメディア　感情　社会規範

ネット住民が低俗に思える

「目を合わせちゃダメよ。あそこんちの Wi-Fi 拾ってるんだから」

親愛なるダンへ
フェイスブックやツイッター、メールなど、インターネットでのやりとりは、なぜ低俗になりがちなんだろう?

ジェームズより

インターネットのせいにするのは簡単だが、低俗な言動をしがちな理由は、私たちがふだんからくだらないやりとりばかりしているせいじゃないかな。自分が毎日人とどんなやりとりをしているか、考えてごらん。そのうちどれだけがウィットに富んだ受け答えで、どれだけがネコ画像と同レベルの他愛もない会話だろう? インターネットをとおすと、ふだんいかに内容の乏しいやりとりをしているのかが見えやすくなるだけなんだ。

KEYWORDS テクノロジー ソーシャルメディア 協調

オーディオブックって子どもっぽい？

「本棚を見るたび『白鯨』にとがめられてる気がしたから、キンドルに入れたけど、それっきりさ」

親愛なるダンへ

ときどき周りの人たちが、最近読んだ本の話をしています。私もその本をよく知っていて、会話に入りたいのに、引け目を感じることがあります。だって私は本のオーディオ版を聞いたんですもの。そこで質問です。どうして私は本を耳で読んだことを告白するのが恥ずかしいんでしょう？　そしてそんなときどうすればいいと思いますか？

ポーラより

私たちはまだほんの小さなころに、耳で聞いたことを理解する技術を身につけるから、話し言葉を理解するのがどんなに大変だったかを、ほとんど覚えていない。でも読み書きはもう少しあとで学ぶから、読み書きを教わり始めたころの苦労ははっきり覚えている。このちがいのせいで、「聞くより読む方が難しい」という連想がはたらいて、耳で読むより目で読んだ方が偉いような気がするんだね。

一つめのアドバイスとして、目で読む方が耳で読むより難しいとは限らない、と自分にいい聞かせよう。実際、耳で読む方が難しいかもしれないよ。君の質問を読んで、ためしにオーディオブックを買って長いフライトの間に聞いてみたところ、あくまで私の場合だが、本を読むより耳で聞く方が集中しにくかった（ただしこのとき聞いたのは、カート・ヴォネガットの不思議な小説『ガラパゴスの箱舟』〔浅倉久志訳、ハヤカワ文庫SF〕だったから、そのせいもあったかもしれない）。

二つめの提案として、オーディオブックを聞いたことを、別の言葉でいい表したらどうかな？　たとえば本がとても気に入った場合は「あの本をむさぼった」、難しいと感じたら「あの本には手こずった」なんていい換えてみるんだ。

それでもだめなら、そろそろ「読む」という言葉の意味を広げるべきなのかもしれないね。最近ではオーディオブックをはじめ、情報を得る方法がいくらでもあることを世間は認めるべきだ。ちょっとずるい方法かもしれないが、君がネーミング革命を起こせば、多くのオーディオブック愛好家が自信をもてるようになるんじゃないかな。

KEYWORDS　テクノロジー　娯楽　ネーミング

サービスとは名ばかり？

親愛なるダンへ
内国歳入庁《インターナル・レベニュー・サービス》、米国郵政公社《USポスタル・サービス》、ケーブルテレビサービスといった用語に「サービス」がついているのはなんでだろうな？

ヨラムより

若いころ、農場に滞在していたとき、農家の人が「種つけ用の雄牛《おうし》を借りてきて雌牛《めうし》に〝サービス〟させる」といっているのを聞いた。これが答えになるかな？

KEYWORDS　職場　ネーミング　惨めさ

どの車を買うか決められない

親愛なるダンへ

難しい決定を下すにはどうすればいいか、アドバイスしてくれないかな？　どの車を買うかずっと迷っていて、どうしても決められないんだ。

ジョンより

さいわい、この問題を解決するためのテクノロジーはすでに存在する。必要なのはコイン一枚だけ。表が出たらこの車、裏ならこの車と決めて、コインを高く放り投げるんだ。それからコインが落ちてくるのを待って、このランダムな装置のいうとおりにする。でも私の推測では、君はコインが宙を舞っている間に、本当はどの車がほしいのかに気づくんじゃないかな。

より重要なこととして、時間をかけてもどの選択肢がベストかを決められないのは、迷っている選択肢がどれも全体的に見て大差ないからだ。まったく同じというわけじゃないが、全体的な質のちがいを見分けにくい。なにしろどれが一番いいのかがすぐわかるなら、とっくに決めているはずだからね。

さて似たりよったりの選択肢のなかで決めなくてはいけないことがわかったら、次に考えなくてはいけないのは、時間の「機会費用」だ。決めあぐねてさらに多くの時間を無駄にしないように、どうにかして決断しなくてはならない。コイントス方式の意義はここにある。コインが宙に舞うときになってようやく、私たちはどっちの面が出てほしいと思っているかを悟り、本心に向き合い、決断することができるんだ。

KEYWORDS　**意思決定　幸運　感情　機会費用**

派手な車に乗る意味って……?

親愛なるダンへ

私は車に興味はないし、興味をもったこともない。でも営業担当役員という立場上、高級な車（BMWやベンツなど）をもつべきだといつもいわれてね。そうすれば顧客や営業チームの信頼が厚くなるのだとか。本当だろうか？　そういう車を買う余裕があっても、お金を節約してホンダ車を買いたいよ。高級車に乗るのがそんなに大事なことだろうか？

コーディより

君の質問はひと言でいえば、「シグナリング」と関係がある。オスのクジャクは色とりどりの大きな羽を生やすことで、力が強くて生殖能力が高いことをメスのクジャクに伝えている（こんなに大きくかさばる羽を背負って走り回れるんだから、俺って強いだろう？）。これと同じように私たち人間も、どんなシグナルで自分の人となりを周りの人に伝えるかに神経を注ぐ。私たちが豪邸を買ったり、デザイナーズブランドの服で着飾ったり、高級車を買ったりするのは、シグナリングのためでもある。というわけで君の質問への答えは、イエスだ。君の乗っている車は、君の人となりについて何かを周りの人に伝える。それは大事なことだろうか？　これまたイエスだ。私たちはこうしたシグナルをつねに読みとり、送り手がどんな人だろうと推測しているんだからね。

でもまだ考えなくてはいけないことがある。君はどんなシグナルを送りたいのか？　BMWのシグナル、それともプリウスのシグナル？　いや、国産品を愛用しているというシグナルだろうか？　ひょっとするとクラシックカーを買って、よく手入れしていることを示したいのか（さり気ないが興味深いシグナルだ）？　もう一つ考えなくてはならないのは、シグナルにかけるコスト——この場合は車の費用——が、シグナルの価値に見合うかどうかだ。これは、君がどんな人たちとつき合っているか、彼らがどれだけ君のことを知っているか、彼らに君のことを印象づける機会がどれだけ頻繁にあるか、といったことによって決まる。

告白すると、私はミニバンに乗っている。でもこうして考えてみると、ポルシェのロゴを貼りつけた方がいいかもしれないな。

KEYWORDS　車　支出　シグナリング

中年だけどスポーツカーが欲しい

「大昔に買い集めた本さ。僕がどんな人間をめざしていたかがわかるだろ」

親愛なるダンへ

私は経済的にそこそこ余裕のある中年男性で、スポーツカーを買おうかと思っている。ポルシェ911なんかいいな。でも中年のくせに若ぶって見苦しいと思われるのも嫌だ。どうすればいいだろう?

クレイグより

自動車メーカーのテスラは、まさに君のような悩みをもつ人のための車をデザインしている。テスラ車はスポーツカーだが、環境に優しいイメージがあるから、テスラ車を買う人は自分が白髪《しらが》まじりグレーじゃなく、グリーンだというイメージをもっていられるよ。

KEYWORDS　自己イメージ　車　歳をとること

前の車が横入りを許すとムカつく

「あの“ありがとう”の合図は僕が受けるべきだったのに」

親愛なるダンへ
交通渋滞でのろのろ進んでいるとき、横からレーンに合流してくる車がいるよね。不思議なのは、自分が車を列に入れてあげると気分がいいのに、前の車がほかの車を入れると、僕の方が前から並んでるのにずるいと思い、僕をだしにしていい顔されたような気がしてむかつくんだ。どうしてこんなに感じ方がちがうのか、教えてくれないか？

ウォルトより

ここでの問題は、「主導権」と「感謝」だ。君が誰かをレーンに入れてあげるとき、決定を下すのは君で、ありがとうの会釈や手ぶりを受けるのも君だ。一方、ほかの人が車を入れてあげるとき、君はその決定についてどうすることもできないし、感謝もされない。君はこの行為から、到着時間がさらに遅くなるというマイナスの影響しか受けない。
そう考えると、君の苛立ちは、前の車のドライバーへの感情反応だけでは説明できない。これをくわしく考えるために、君のレーンに入ろうとしている車に便宜を図るのが、別のドライバーではないとしよう。このとき君は、前の車との間にとても長い車間距離を保っているとする。そのため合流レーンの車はどんどん入って来られるが、それは君が何か親切な行いをしたからじゃない。君は車を入れるために減速さえする必要はない。たぶん君はこういうかたちでほかのドライバーを助けても、あまり満足を感じないし、もちろん消極的な親切に対して何の感謝もされない。

結論は何だろう？　まず第一に、問題はほかの親切なドライバーじゃない、君自身だ！　第二に、私たちが他人の幸運を喜ぶためには、その幸運をもたらしたのが自分だと感じる必要があるということ。そして第三に、私たちは自分がいかにすばらしく親切な人間かを、他人に認めてもらいたいんだ。

そうはいっても、君の前には渋滞に巻き込まれている人が大勢いて、彼らがこの先も君のレーンに多くの車を入れてあげるのはまちがいない。そう考えると、本当の思いやりとは、他人に直接的、間接的によいことが起こるのを喜べることなんだと、自分にいい聞かせた方がいいかもしれない。たとえ君の代わりに誰かが感謝されたとしてもだ。この考え方を身につけるのは簡単じゃないが、それができたらきっといいことが待っているよ。

KEYWORDS　車　人助け　感謝

探し回るべきか、気長に待つべきか

「いいのよ、別にあなたの駐車運めあてで結婚したわけじゃないんだから」

親愛なるダンへ

駐車スペースを探しながら街中を走り回っていると、目的地から遠いところでスペースを探すことが多くなり、せっかくスペースを見つけても、寒いなか（シカゴ在住なんだ）長い距離を歩くはめになる。寒いのは苦手だから、最近は戦略を変えて目的地の近くで待って、誰かが出ていったあとのスペースに駐めることにしているよ。二つの方法を直接比べるのは難しいけど、待つ方が効率的だし、もしかするとましな方法なんじゃないかな。でも困るのは、友人を車に乗せているときだ。そんなやり方は耐えられないとかいい出して、結局スペースが見つかるまで走らされる。そこで質問だけど、なぜ誰かが出ていくのを待つのがそんなに耐えられないのかな？

ダニーより

君が経験している現象は、「無為への嫌悪」だね。君の質問と関連して、効率性と待ち時間にまつわるおもしろい話がある。少し前に、航空会社勤務のある最適化エンジニア〔システム全体の効率化を図る人〕が、乗客の到着ゲートと手荷物用ターンテーブルの距離に着目した。彼は飛行機の到着ゲートに一番近いターンテーブルに手荷物が出てくるよう、最適化を図ることにしたんだ。この問題を処理するための最適な手順《アルゴリズム》が設計される以前は、旅行客は飛行機から降りて長い距離を歩き、ターンテーブルに着くとすでに荷物が待っていることもあった。新システム導入後は、到着ゲートにずっと近いターンテーブルに荷物が届くようになり、乗客は少しだけ歩いてターンテーブルまで行って、荷物が出てくるのをしばらく待つようになった。ところが新システムは大不評だった。なぜなら、彼らはその場に立ったまま荷物を待たなくてはならなかったからだ（荷物が紛失したのかとやきもきさせられたせいもあったかもしれない）。手持ちぶさたの状態はあまりにも苦痛だと、乗客から苦情が殺到したため、航空会社は効率的なアルゴリズムを破棄したという。

私の知る限り、航空会社がこの顧客サービス問題を解決するために、逆の方針をとって、一番遠いターンテーブルに荷物を届けるようになったという話は聞いていない。でも航空会社の顧客サービスに対する全般的な姿勢からすると、この方式の導入をめざして鋭意とりくんでいるにちがいないよ。

＊＊＊

親愛なるダンへ

夜車で帰宅して近所の駐車スペースを探すとき、同じ場所で待ったままスペースが空くのを待つのと、走り回って探すのとでは、どっちがいいかな？

イアンより

客観的に正しい答えがあるかどうかはわからないが、いくつか考えるべき点があるね。一方では、いつどこのスペースが空くかは絶対にわからないが、走り回るのはその場にとどまるのに比べて、ガソリンの無駄が多いのはたしかだ。この考えからいくと、同じ場所で待つのは正しい。でもその一方で、君が待っているのは誰かがすでに一晩駐めてしまったスペースかもしれないのに対し、走り回れば少なくともリスクを分散して賭けをヘッジできる。この点からいうと、走り回るのが正しい方法になる。

しかし、待つことの心理も考えに入れないといけないね。何もしないでじっと待っているのは、積極的に動くのに比べてずっとイライラする。ただ待っていると、時間が過ぎるのが遅く感じられ、そのうち耐えられなくなる。たとえガソリンの節約になろうが、何もせず車のなかで待っていたら、気がおかしくなってしまう人が多いんじゃないだろうか。というわけで、燃料の節約と心の平安とを天秤にかけると、燃費のいい車を買って走り回るのが正解かもしれないよ。

KEYWORDS　車　時間　待つこと

都心と郊外、どっちに住むべき？

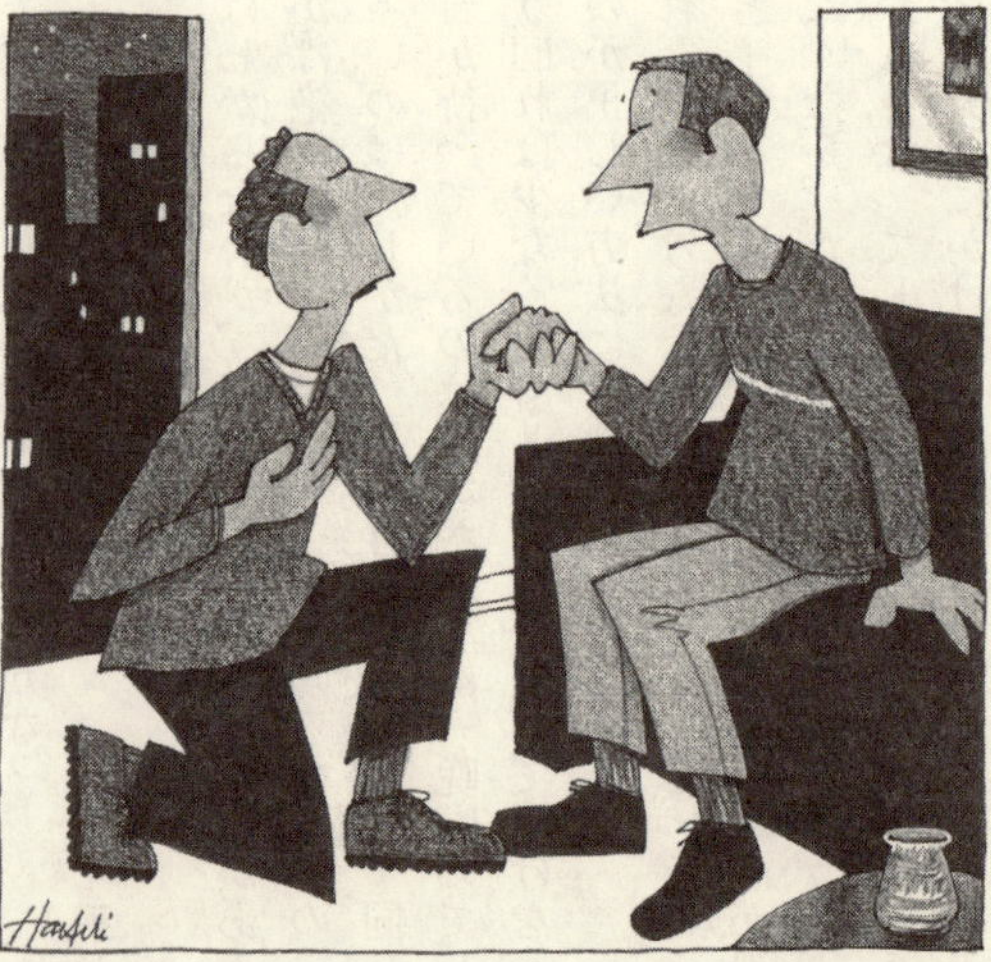

「ごめん、ジム。君を愛しているけど、バーモント州に住むのはごめんだ」

親愛なるダンへ
最近結婚したんだけど、住む場所がなかなか決まらない。職場に近い都心に住むべきだろうか、それとも家賃が安くて緑の多い、都会から遠く離れた場所を探した方がいいかな？

都会のカップルより

君たちの決定で考慮すべき点がいくつかある。一つは、ほとんどの人は家が大きかろうが小さかろうが、近隣に緑が多かろうが殺風景だろうが生活のたいていのことに順応するということだ。しかも、思ったより早く変化に順応する。私のケースでいうと、大昔にひどいやけどを負ったせいで生活のほとんどすべてが激変したが、やがて変化に慣れ、今ではやけどをした当初想像していたよりずっとましな生活を送っているよ。

人は多くのものごとに結構うまく順応するが、一部のものごとにはまったく順応しないか、そう簡単に順応しない。悲しいかな、通勤がその一つだ。自分の暮らす小さな街から都会の職場へと向かう、毎日の不快な旅だ。

私たちが通勤になかなか慣れないことを掘り下げて、なぜ慣れないのかを考えると、順応のプロセスについて重要な手がかりが得られる。毎朝七時半に家を出て、八時五五分に職場に到着することが確実にわかっていれば、通勤は予測可能で予想通りになるから、順応しやすい。でも実際には交通事情や渋滞という不確実な要因があって、職場につく時間は予測できない。この不確実性のせいで、通勤に順応するのは難しくなり、出勤時間に間に合うだろうかと毎朝気を揉むことになる。

というわけで、住む場所を決めるときは、職場からの距離を重要なポイントとして考えた方がいい。これは生活の質を意外と大きく左右する要因なんだ。

KEYWORDS　**通勤　幸福　順応**

家の掃除が嫌だ

「グータッチの方が衛生的でしょう」

親愛なるダンへ
携帯電話は一日に何度もピカピカに拭くのに、車や家を同じくらいきれいにしようと思えないのはなぜかしら？
サラより

私が思うに、これは最終目標を達成できる能力と関係がある。たぶん君は、どんなことがあっても家中を一〇〇％きれいにできるはずがないと思っている。そんなの大変すぎるし、だいいち片づけるそばから家族に散らかされてしまう。だから七、八割方きれいにするのは手の届く目標でも、一〇〇％はどうあっても実現できそうにない。

でも携帯電話なら、完璧にきれいにするのは手の届く目標だ。目標が達成可能だというだけで、端末をきれいにしようという気になるし、その作業を楽しめるようにもなるんだ。

少し前、家のリフォームのために業者を雇ったとき、私も似たような経験をした。改築といっても、古い窓のとりかえや屋根裏の断熱、新型の暖房システムの導入、バスルームの改装、地下へのサウナの設置などいろんな作業があって、最初から最後までお決まりの展開がくり広げられた。守られない約束、苛立ち、遅れ、予期せぬ驚きとコスト増、当初計画の変更（これもコスト増につながった）等々、社会科学者が自然と予期するようになる、おなじみの現象のオンパレードだ。

唯一予想外だったのは、サウナの工事だ。ある晩、業者に呼ばれて地下に降りると、彼は壁とベンチをつくるのに木材をどんなに丁寧に正確に切り出したか、ねじが木材の表面に出ないようにどんなに注意深くとりつけたかといった細かなことを、誇らしげに説明してくれた。ふだん仕事をしているときよりもずっと得意げな彼の様子を見て、私はものごとを達成する喜びについて考えさせられた。というのも、リフォームのほかの部分はただの修繕だったのに対し、サウナだけは最後までつくりあげることのできる、独立した仕事だったからだ。何かを完成できるチャンスがあるとき、モチベーションは高まるんだろうか？　また、ただ何かを直すだけの仕事では、モチベーションは下がるんだろうか？　たぶんそうなんだろう。つまり、私たちはみな、小さめの完結型のプロジェクトを選ぶべきなのかもしれないね。

KEYWORDS　習慣　労力　目標

洗濯すると靴下が片方なくなる

なぜ靴下を洗濯するといつも片方がなくなるんだろう？

ジェイミーより

親愛なるダンへ

しばらく前にオーニット・ラズと私はこの魅惑的な疑問を研究して、ほかの面では理性的で、自然の力を支配しているつもりの人々が、この普遍的な問題を前に途方に暮れていることを知った。靴下の謎のせいで物理法則への信頼が揺らぎ、疑い深い人々までもが超自然を信じ始めている。

私たちは、この謎の解明に役立ちそうな心理的メカニズムも発見した。それは、なくなった靴下の過大推計だ。たいていの人は靴下をたくさんもっていて、靴下を片方見つけてその場にもう片方がないと、「おや、靴下が片っぽなくなったぞ！」と思う。ところが靴下がなくなったことは覚えていても、具体的な種類や色は忘れてしまう。あとで片割れを見ても、さっきの靴下とペアだということは覚えていないから、こうつぶやく。「また靴下がなくなったよ。片割れはどこだ？　次から次へと靴下がなくなるのはどういうわけだ」ってね。

考えてみると、靴下の謎が生じるのは物理法則がはたらかないせいじゃない。私たちの記憶のしくみ（またはその欠陥）という、それよりずっと大きな謎に原因があるんだ。とはいえ、こういう科学的説明はさておき、洗濯機のうしろに靴下だけを吸いこむブラックホールがあるはずだと、私は信じているよ。

KEYWORDS **注意　記憶　まちがい**

一番使われないのはどのトイレ?

親愛なるダンへ

出先で公衆トイレに行くと、どの個室に入ろうかいつも迷ってしまうの。どうしたらいい?

キャシーより

君の質問はたぶん、「どのトイレが一番使われていなくてきれいなのか」ということだろう。でも君が本当に聞きたいのは、「ほかの利用者がどれだけ深く考えてトイレを選んでいるのか、どうやって彼女らを出し抜くか」ってことじゃないかな。

みんながこんな疑問をもたずにランダムにトイレを選んでいるとすれば、君には困ったことになる。なぜならその場合、どの個室も同じくらい使われるから、みんなのやり方の逆を行くことはできないからだ。

でも、もしみんなが何らかの意図をもって個室を選んでいるなら、彼女らになったつもりで考えて、その一歩先を行けばいい。まずは、普通のトイレ利用者が何を考えているかを推測する必要がある。もし彼女らが、「(一番奥の個室がプライバシーが守られて人気だから）一番手前の個室が一番使われていない」と考えるなら、彼女らは手前の個室に群がり、そこが一番使われるようになる。この場合、君の最善策は、普通の人の逆を行って、ドアから一番遠い個室を選ぶことだ。だがもし普通のトイレ利用者がもう少し深く考えていたらどうなる？　もしも彼女らが君と同じように考えたら（つまり、一番使われていなさそうな手前の個室にみんなが殺到すると考えたら）どうなるだろう？　彼女らはその逆を行って、一番奥の個室を選ぶはずだ。この場合、君はどうすべきか？　このときも一歩先を行く必要がある。つまり君の最善策は、一番手前の個室を選ぶことだ。いうまでもないが、たいていの人がやることを推測してその逆を行く戦略は、人が何歩先まで考えるかによって変わってくる。

そこで、一番肝心な問題を考えよう。人はふつう何歩先まで考えているだろう？　私の個人的な（残念な）観察では、一歩くらい（またはそれ未満）先のことしか考えていない。つまり君は、「たいていの人は一番奥の個室が一番使われていると考え、その逆を行って、一番手前の個室を選んでいる」という前提から始めるべきだ。つまり、逆の逆を行って、一番奥の個室を選ぶべきだということになるね。

何はともあれ、この分析をとおして、競争の激しい環境で正しい選択を下すことがどんなに複雑かをわかってもらえれば嬉しい。それに君がこれを読んで、今度出先でトイレに行ったとき、もっとおもしろい問題を思いつくといいな。

KEYWORDS

意思決定　他者　予測

ゴミ捨てのマナーを守ってほしい

「ウンチ袋は口ほどにものをいう」

親愛なるダンへ

うちのマンションには、全棟用の大きなゴミ箱専用部屋があります。困ったことに、一部の住人は汚れたゴミ箱を手で触りたがらず（不快なのは理解できますが）、ゴミ置き場の床にゴミ袋を放置していくので、いつか誰かが拾い上げてゴミ箱に捨てざるを得ません（この身勝手は理解できません）。ゴミ箱に入れて下さいと、ほかの住人が礼儀正しく頼んでも効果なし。脅したりすかしたりしてもだめです。どうすればいいでしょう？

アリエルより

君たちのマンションの問題は、清潔に関わることだけじゃない。それよりずっと複雑な、社会規範を変えることの難しさに関わる問題だ。君たちのマンションには、ゴミの詰まった袋を床に置きっぱなしにすることを恥ずかしく思わない文化が、一部の住民の間にある。これが彼らの間で規範として確立しているから、行動パターンを変えさせるには、的を絞った周到なとりくみが必要だ。

一般的にいって、社会規範は行動を駆り立てる強力な原動力で、誰もが生活のいろいろな面でその影響を受けている。君がゴミ置き場に行って満杯のゴミ袋が床に置きっぱなしになっているのを見れば、君の善悪の判断は、君が前からもっている価値観のほか、周りの人たちの行動にもある程度影響を受ける。君は心のなかでこう考える。「床にゴミ袋を置くのは、ここではあたりまえのことなのね。だから、私が同じことをしても自分に誇りをもっていられるわ」。逆に、床にゴミ袋がなければこう思うかもしれない。「床にゴミ袋を置きっぱなしにするのはいけないことだから、汚さないようにしないと」。社会規範について覚えておくべき重要なことは、ささいな違反であっても違反者を容赦なく戒める必要があるということ。なぜなら違反がくり返されるうちに規範そのものが変容し、望ましくない新しい規範に誰もがとりこまれるおそれがあるからだ。

それじゃ、よりよい社会規範をつくるにはどうすればいいのか？　私なら住人のミーティングを招集して、今後のやり方について話し合うね。ミーティングでは、住人のあるべき行いについての新しい心得（建物を大切に扱う、ゴミを正しい場所に置くなど）を提案したい。そうして望ましい行動をはっきり定めたら、次のステップとして、新しい指針に従いますという誓約書に、全員の署名をもらおう。ちなみに、一年の節目（新年など）に近い時期にこういう問題をとりあげれば、この象徴的な時期を変革のチャンスと位置づけ、住人のミーティングを新年の誓いに結びつけることができる。新しい社会規範ができてしまえば、ゴミ問題は自然と解決するし、ゴミ置き場以外のいろいろな場面にもメリットがおよぶはずだよ。

＊＊＊

親愛なるダンへ

パートナーと私は総戸数二五〇戸のしゃれた集合住宅に住んでいますが、犬の落としものを始末しない住人との間でトラブルが生じています。あと始末をしない飼い主には五〇ドルの罰金が科せられますが、それには犬の飼い主をつきとめ、現場を押さえたうえで、マンションの組合に報告する必要があるから、この規則は機能していないんです。どうすればいいでしょう？

ラシェルより

この状況で検討すべき方法は二つある。社会規範を変えるという、表からのアプローチと、抑止という、裏からのアプローチだ。

社会規範に関していうと、私たちは法律にかなっているかどうかというよりも、社会的に受け入れられるかどうかをもとに行動する傾向にあることが、多くの研究によって示されている。つまり、犬の飼い主はマンション周辺で多くの落としものを目にすると、自分がそういう行為に加担しても問題はないと考えるんだね。逆に地面にちり一つ、糞一つ落ちていなかったら、犬のおみやげを残していくのに罪悪感を感じるはずだ。そう考えると、社会規範についての重要な教訓として、違反者は受け入れがたい汚物を残すだけじゃなく、望ましくない社会規範を助長し（この行動が一般的だということを裏づける証拠になるため）、その結果ほかの人たちがまねしやすくなることがわかる。またこの考え方に立つと、よりよい社会規範の確立に精力的にとりくむべきだということになる。望ましい社会規範が定まれば、自然とよりよい行動が促されるんだ。

抑止の観点からいえば、五〇ドルの罰金より、もっと目先の変わったことを試してみるべきだね。私が思うに、犬の飼い主は今の方式を「ゲーム」のようにとらえている。飼い主が落としものを残し、ほかの住人や管理人が現場を押さえて罰金を科す。それならゲームの性質を変えて、飼い主の連帯を強めるようなものにするといい。たとえば管理組合がマンションの共有資金の一部を使って、必要に応じて糞の清掃業者を雇い、毎月残金が出たら飼い主と犬の親睦会の費用に充てるっていうのはどうだろう？　犬の貯金箱にたくさんお金が残ったら、飼い主の飲食物や犬のおやつを出せるし、お金が残らなければ水で我慢だ。つまり犬の落としものを始末しないと、飼い主とその社会に悪影響がおよぶというわけ。こういうしくみをとおして、落としっぱなしの個人的、社会的コストが高まれば、飼い主は気をつけるようになり、糞一つ落とさないように心がけるんじゃないかな。

KEYWORDS　社会規範　他者　協調

どうすれば喫煙者が減る？

親愛なるダンへ
喫煙者にタバコをやめさせる最善の方法は何だろう？
マイロンより

喫煙の何が問題かというと、悪影響が累積的ですぐには現れないせいで、危険を感じにくいことだ。もしも一〇〇万本のたばこにつき一個の超小型爆発装置――喫煙者を殺すほど大きくないが、かなりのダメージを与える強力なもの――を仕込むことを、たばこ会社に義務づけたらどうなると思う？　たぶん、喫煙が今すぐ危険をおよぼすとなれば、たばこをやめる人が続出するだろう。これを実行に移す方法が見つかるまでは、喫煙にそれと同じくらいの危険性があることを広く知らせるとりくみを進めるのがいいかもしれないね。

KEYWORDS　健康　自制心　習慣

「席を替わって」といい出せない

親愛なるダンへ

今ドイツの列車の床にすわってこれを書いている。列車は混んでいて満席だ。でもここでは（僕のような）列車をよく利用する乗客に与えられる、「コンフォートカスタマー」という特別な等級があって、すわっている人に席を譲ってもらえるんだ。もちろんすわれるに越したことはないし、ルールによれば僕には席を得る資格がある。でもコンフォートカスタマーでない人に、席を替わって下さいとはいいづらいんだよね。どうしてこんなに難しく感じるんだろう？

フレデリックより

君の質問は、いわゆる「顔のある犠牲者効果」と関係がある。簡単にいうと、私たちは困っている人を間近で見ると同情し、気にかけ、可能な限り手を貸そうとする。でも問題が非常に大きい場合や、距離的に離れている場合、人が苦しんでいる様子が目に見えない場合は、それほど気にかけず、手も差し伸べないんだ。

このケースでいうと、もし君が列車に乗る一〇分前に、車掌がランダムに選ばれた乗客に席を譲るよういってくれたら、君と「犠牲者」の間に大きな心理的距離ができるから、君は心置きなく席にすわれるだろう。

逆に、席を譲る人を特定しやすい場合はどうかな？　たとえば君が列車に乗るとき、車掌が「犠牲者」を指さして教えてくれたらどうだろう？　おまけに君の目の前で、すわっている人が席を立ち退かされたら？　一番つらいのは、君自身が誰かを選び、その人に自分はコンフォートカスタマーだから席を譲ってほしいといって、相手の反応を見守る場合だ。

このことから得られる教訓は何だろう？　私たちは他人と直に接すると、自分の行動が相手に与える影響が手にとるようにわかるから、相手に同情し、共感し、いたわりと思いやりをもって行動するということだ。またより大きな問題として、政治家や銀行家、CEOなど、私たちの生活に遠くから影響を与える人たちに、自分の決定と行動がおよぼす影響を実感させる方法を考えた方がいいね。

KEYWORDS　旅行　他者　感情

夜道で女性に警戒されてしまう

親愛なるダンへ

ときどき夜遅くに物騒な場所で女性のうしろを歩いていると、距離を結構空けているのに女性が戸惑いや不安を感じているのがわかる。こういうとき、どうすればいい？　声をかけた方がいいのかな？　僕だって行きたい場所があるけれど、女性を不安にさせたくない。女性が行ってしまうまで立ち止まって待つべきだろうか？

スティーブより

立ち止まる必要はない。携帯電話をとりだしてお母さんに電話をかけ、大きめの声で話せば万事解決だ。夜お母さんに電話をかける人に悪い人はいないというのが、世間の常識だからね。

KEYWORDS　他者　感情　コミュニケーション

なぜか七五セントをせびられた

「お恵みを、せめて視線だけでも」

親愛なるダンへ

この間「七五セント下さい」といって近づいてきたもの乞いがいたんだ。電車に乗り遅れそうだったから、ポケットの小銭を適当に渡して立ち去ったんだが、なぜ七五セントなんだろうと、あれから気になって仕方ない。七五セントというのは「市場調査」をもとに決めた金額なんだろうか？　一ドルやそれ以上の金額を要求するより、もらえる金額を全体的に増やす効果があるんだろうか？

ブラッドより

もの乞いが研究の末にこの戦略を編み出したのか、単なる直感でそうしたのかはわからない（研究に基づく戦略なら、フォーチュン五〇〇社企業の大半よりも立派だ）が、おもしろい戦略なのはたしかだね。

このやり方に効果がありそうな理由の一つとして、ユニークなお願いをすることでライバルと差別化できるから、ということがある。通行人はちょっと足を止めて、もの乞いを眺め、感心してお金をくれるかもしれない。もう一つ考えられることとして、具体的な金額を示すことで、彼や彼の状況について人がもっている思い込みを変えられるのかもしれないね。つまり、細部にこだわることによって、相手に重要な情報を伝えられるんだ。

たとえば「八時三分に待ち合わせしましょう」といわれた人は、八時や八時ごろ会いましょうといわれた場合に比べて、相手がその時間きっかりに会うことをかなり真剣に考えているという印象を受けるだろう。同じように、七五セントという要求はとても具体的だから、バス代がいるなどの特別な理由があるのかなと思ってしまう。そして要求が具体的なときほど、助けが得られることが多いんだ。

「一ドル二五セント下さい」という要求にも同じ効果があると思うかもしれないが、要求額が大きくて尻込みする人がいるかもしれないよ。それに七五セントなら、小銭がない人は一ドル札を渡してお釣りはいらないといってくれる可能性があるが、要求額が一ドル二五セントのとき、二ドルあげてしまうのは惜しいと思うかもしれない。

とはいえ、要求の差別化と切り上げによる効果を狙ったという私の説は推論でしかないから、たしかめるには何らかの実験をする必要があるね。君もよかったら何日かもの乞いをして、要求額や理由をいろいろ変えたり、相手がお釣りをもらいやすいようにするなど工夫して、どういう反応が返ってくるかを調べてみるといい。実データを収集するうちに、この戦略の真意がわかってくるだろう。

そういった実験は、もの乞いの戦略を解明する以外にも、日常生活で助けを求める方法を考えるのに役立つかもしれない。どうすれば人が足を止めて耳を傾けてくれるのか、自分や自分の要求について他人がもっている思い込みをどうしたら変えられるかを考え、そのうち自分が求めている助けを得る方法を思いつくかもしれないよ。これが重要だとわかったからには、実験を始める用意をして、ぜひ知らせてほしい。

KEYWORDS　**与えること　注意　価値**

教会に献金すべき？

「もっと楽な宗教を探してるんだ」

親愛なるダンへ
ユダヤ教徒は収入の十分の一を献金するべきでしょうか？
Oより

超簡単に答えると、もちろん！　誰もがするべきだ！

そして当然だが、お金を寄付するなら大学教授に贈って、重要で啓蒙的な研究を続けてもらうのが一番だね。

もう少しまじめにいうと、お金を寄付することは、人間の活動のなかでもとくに誤解されている行為だ。お金があるときは、自分のために使うのが一番だと考える人が多い。でもお金を人に分け与えると、自分のために使うよりも幸福度が高いことが、多くの研究からわかっている。全財産を寄付すべきだなんてもちろんいわないが、その十分の一くらいのお金を寄付するのは、人生の満足度と幸福度を高めるための大切な指針だ。

十分の一献金のような具体的なルールは、人に与えることの一般的なメリット以外にも、厳密で明快だからとても役に立つ。ルールが曖昧で漠然としているとき（たとえば健康的な食事をする、子どもと過ごす時間を増やす、酒を控える、など）、私たちは自分の行動や、自分の掲げた目標から外れていないかを注意深く考えずにいるのは簡単だ。ルールが不明瞭だと、「いつかそのうち行動を改めればいいさ」とたかをくくって、自分のだらしなさを正当化できる。他方、ルールが明確で厳密だと（デザートは食べない、毎晩子どもたちに三〇分読み聞かせをする、ワインは週に二杯まで、など）、自分をごまかせなくなり、長い目で見て一番ためになる行動をとりやすくなるんだね。

十分の一献金は、ほかにも重要な点で役に立つ。「いくら寄付しようか」と考えていたのが、「どこに寄付しようか」と考えるようになるからだ。十分の一献金をするとき、献金の総額は所得によって決まり、自分ではどうにもできない（といっても税引き前所得の十分の一がいいのか、税引き後がいいのか、実はよくわからない）。金額は決まっているから、どこに寄付するかだけを決めればいい。だからまるで他人のお金を寄付するような感じでとても楽しいし、寄付のしがいがあるんだ。

十分の一献金をぜひやってみよう。

KEYWORDS　ルール　与えること　幸福

鳥のエサをリスにとられたくない

親愛なるダンへ
僕はリスのことになると、なぜか不合理な行動をとってしまう。あのわんぱく小僧たちは枝を伝ってうちの鳥のエサ台にやって来ては、身軽なコブタのようにエサを食べてしまう。僕は見つけるたびに、叫びながら庭に出て追い払うのを楽しんでいる。でも勝利が長続きしたことはなく、リスはすぐ戻ってきて、このばかげたサイクルを一からくり返すんだ。「もう一度『白雪姫』を見て、リスも自然の一部で、兄さんのお気に入りの鳥たちより本質的に劣っているわけじゃないことを思い出しなさい」、なんて妹にはいわれてね。そのとおりかもしれないが、僕にはどうしてもそうは思えない。なぜ僕はこんな考え方をするのか、そしてうちの庭のフワフワした略奪者と平和共存するにはどうすればいいのか、教えてもらえないかな?

エルマー・ファッド〔アニメ『ルーニー・テューンズ』のまぬけなハンター〕もどきより

君の問題は、リスの行動を不道徳だと思っていることに原因があるようだね。そもそもエサは鳥のためにエサ台に置かれたもので、リスはエサを正当な所有者から盗んでいると、君は決めつけている。君がやるべきことは一つ、台の名前を「リスと鳥のエサ台」に変えることだ。そうすれば、リスは鳥と食事を分け合っているだけになり、君の問題は解決し、おまけにそのエサ台を新製品として売り出せるかもしれないよ。

追伸　このアドバイスを掲載したところ、大反響があった。いろんな装置の提案に始まり、リスの不品行全般についての議論、リスとの戦いとドン・キホーテの戦いの比較、この種の動物がアメリカ経済に与える経済損失の詳細な分析までが私の元に寄せられた。リスに関する限り、学習と研究の余地がまだまだあるのはまちがいない。

KEYWORDS　飲食物　道徳性　与えること　ネーミング

期待が高すぎると逆効果になる

「あれがいい意味で悪かったのか、いい意味でよかったのか、悪い意味でよかったのか、悪い意味で悪かったのかはわからない」

親愛なるダンへ

社会科学の研究によると、これから経験することに対して何らかの期待をもつと、期待のせいで経験が変化してしまい、期待どおりの経験をしてしまうことがあるようですね。先生の研究でも、好意的な評を読んでから飲むワインがよりおいしく感じられたり、バルサミコ酢を入れたビールをまずそうだと思うだけで（目隠し試飲ではバルサミコ酢を入れた方が好評なのに）本当にまずいと思うようになるというものがありました。こういう研究成果は僕の経験とほぼ一致しますが、先生が触れていないことがあります。それは、期待が高すぎると逆効果が生じるってことです。これは、誇大広告が逆効果なのと同じでしょうか？

僕自身、友人に映画を絶賛すると、「大したことなかったよ、どんなにすごいかと思ったのに」なんていわれることがあります。僕がほめすぎたせいで、映画がそれほどよく思えなくなったんじゃないでしょうか。過度の期待は逆効果だと思いませんか？

オミードより

私も同感だ。私が何かを勧めたり絶賛したりすると、友人たちはとても高い期待をもつようになる。その高い期待を基準にして実際の経験を評価するから、経験が期待に沿わないと、全体として経験をそれほど楽しめなくなるんだね。

私はこんなふうに考えている。期待が高いとき、経験は二割ほどかさ上げされる。つまり、期待と経験のギャップがこのほどほどの範囲内にあれば、経験は期待の方に「引き寄せ」られ、実際よりもよく思える。でも期待があまりにも高すぎて（六割増しなど）、期待と現実のギャップが埋められないほど大きくなると、この対比のせいで経験が実際よりもひどいものに思え、喜びが薄れるんだろう。

友人に実際以上にいい経験をさせたいなら、絶賛するのはいいが、やりすぎてはいけないってことだね。

KEYWORDS　期待　幸福　娯楽

人間の魂を二〇ドルで買ってみた

親愛なるダンへ

最近バーで、「人に魂があるなんて信じない」という男性に出会ったの。すかさず「あなたの魂を私に売って」と頼み、二〇ドルで話がまとまったわ。私はお金を払い、彼は私に魂を売り渡したと紙ナプキンに書いてくれた。

別にあの世を信じているわけじゃないの。でもほんのわずかな確率だけど、魂にはずっと大きな価値が(ひょっとすると無限の価値が)あると思わずにはいられなくて。だから二〇ドルは保険として妥当な金額に思えたわけ。私は払い過ぎたのかしら、それともあれはお得な取引だったのかしら?

キャリーより

うまく値切ったね。君の話を読んで、「パスカルの賭け」と呼ばれているものを思い出した。これは哲学者のパスカルが提案した考えで、「神と天国が存在する可能性がほんのわずかでもあり、かつ天国で得られる喜びが無限大だと仮定するなら、神と天国が実在するかのように暮らすのが賢明だ」というものだ(なぜなら、「神が存在するわずかな確率

×神から受ける無限大の恩恵＝無限大の幸福」だから）。

コスト的にいうと、君は三つの理由からとてもよい取引をしたと思うよ。一つには、この話をとり決めるのは、普通のバー談義をするよりずっと楽しかったはずだから。君が上質な時間を過ごすことに価値をおくなら、魂が存在しなかったとしても二〇ドルはいい投資だったといえるね。二つめとして、君はこの先ずっと思い出しては楽しめるネタを手に入れた。これにも、たぶん二〇ドルを超える価値があるだろう。そして最後に、君は晴れて魂のもち主になれた。でも私の挙げた理由では納得できないっていうんなら、私は喜んで君からその魂を買うよ。

KEYWORDS　後悔　価値　宗教

年々時間が経つのが早くなる

「記憶が薄れているのではない、今を生きているのじゃ」

親愛なるダンへ

人生をもっと楽しむにはどうすればいいかな？　年々時間が経つのが早くなっていく気がする。毎月があっという間に過ぎ去り、毎年が消えてしまうように感じられるんだ。これには理由があるんだろうか、それとも、子どものころは時間が過ぎるのが遅かったというのは、思い込みでしかないんだろうか？

ガルより

時の流れはたしかに早いね。より正確にいうと、歳をとるにつれて時間が早く過ぎるように感じる。人生の最初の数年は、感じること、することのすべてが生まれて初めての経験で、特別な経験も多くする。だから強烈な印象が残り、記憶がしっかり焼きつく。でも年月が経つにつれて、新しい経験は減っていく。大人になるころにはすでにいろんな経験を積み、多くのことを成し遂げているからだね。もう一つ、あまり喜ばしくない理由として、日々の雑事にますます追われ、新しい経験に手を出すことも減っていくんだ。

君がこのケースにあてはまるかどうかを知るには、先週起こったことを一日ずつ思い出してみるといい。たぶん、とくに変わったことは起こらず、月曜、火曜、水曜……に何をしたかを思い出すのもひと苦労じゃないかな。

経験を覚えていることが、人生の満足度と幸福度を高めるカギだということを考えると、この厄介な傾向に何かできることはあるだろうか？　もしかすると、新しい経験を後押ししてくれるような、記憶と経験のアプリが必要かもしれない。一度もやったことのないことを見つけたり、食べたことのない料理を勧めたり、行ったことのない行き先を提案してくれるアプリだ。そんなアプリがあったら、新しいことを試し、変化に富む生活を送るようになるから、時間の進み方が遅く感じられ、幸福度が高まるはずだ。そういうアプリが出てくるまでは、さしあたって毎週一つずつ新しいことをやってみるのはどうかな？

KEYWORDS　**歳をとること　記憶　経験**

新年の誓いって意味ある？

親愛なるダンへ
新年の誓いには効果があると思いますか？

ジャネットより

ああ、すごくあるよ。毎年一週間くらい、つまり年末の五日間と新年の二日間くらいはね。

KEYWORDS　習慣　自制心　希望的観測

なんだかんだで迷信を信じちゃう

親愛なるダンへ

何年か前の晩餐会で、主催者の健康を祝して乾杯しようとしていたときのことよ。グラスを合わせる前に、右隣の人がこんなことをいってきたの。「乾杯してグラスをぶつけるときは、お互いに視線を交わさなくてはいけない。そうしないと、このグラス先五年間いいセックスができないらしいよ」って。周りの人は誰も視線と残念なセックスの因果関係を信じなかったようだけど、私はとてもおもしろいと思って、その夜は乾杯するたび相手と見つめ合ったわ。とくに迷信深いたちではないのに、あれ以来、乾杯するときはいつも相手の目を食い入るように見つめてしまうのよね。不合理だとわかっていて、なぜこの迷信をふり払えないのかしら？

キャスリーンより

もしも強力な迷信を新しく発明するとしたら、この迷信は考え得る完璧なものに近い。何より、この儀式（互いの目を見つめ合うこと）はコストがかからないうえに楽しいときている。その反面、儀式を無視した場合の代償はとても大きい（五年もの間、セックスを楽しめないんだからね)。こんなにささやかで楽しい行為をしないために、こんなに大きな罰を受けるリスクを冒す価値はまったくない。そしてよい迷信はみなそうだが、呪いがすぐさま成就せず、客観的に評価するのが難しい。今挙げた要素はどれも、クチコミで広まる強力な迷信の基本なんだ。

私がこれに一つだけ加えるとしたら、うっかり儀式を忘れたときのために、ひどいセックスの罰を帳消しにする方法だ。視線を合わせるのを忘れたら、目を閉じたまま隣にいる人にワインを飲ませてもらう、なんてのはどうだろう? こういう要素を加えれば、文句なしに完璧な儀式と迷信になる。

ちなみに私が友人にこの迷信を教えてやったら、彼はこういったよ。「たった五年かい?」って。

KEYWORDS

飲食物　性　社会規範

運がいい人って本当にいる？

親愛なるダンへ

運がいい人って、本当にいるんでしょうか？　私はいると思うわ。自分はちがうけど。

エイミーより

幸運に恵まれた人はたしかにいるが、それはルーレットで大金を当てるような幸運じゃない。運のいい人はいろんなことをしょっちゅう試していて、頻繁に試す分、成功することも多いんだ。たとえば、一〇〇％確実なときにだけシュートするバスケットボール選手がいるとしよう。彼はこの戦略で、一試合につき三ゴールずつ確実に決める（三シュート×一〇〇％の確率）。さてこれを、成功率は五〇％だが、毎試合三〇回シュートする選手と比べてみよう。二人めの選手はこの戦略で、毎試合一五ゴール決める（三〇シュート×五〇％の確率）から、ずっと多くの得点を稼げるだろう。

それに、人生はとても重要な点でバスケットボールとは異なる。バスケットボールの結果は白黒がはっきりしている。シュートは入るか、入らないかの二択しかない。でも人生の決定は、ふつうは何段階かに分けて行うから、そのつど何かを試して、どうなるか様子を見ることができる。たとえば何か新しいこと（デートに行く、新しいものを食べる、新しい仕事の面接を受けるなど）にトライして、自分の関心や能力に合っているかをたしかめてから、それを追求すべきかどうかを決められる。つまり運のいい人っていうのは、何かを試す回数が多いだけじゃなく、うまくいかなさそうな道をすばやく切り捨てて、有望な道に力を注いでいるんだね。

そんなわけで君にどんなアドバイスができるだろう？　一つには、人生はある程度は数当て賭博のようなものだから、いろんなことをしょっちゅう試すといい。そしてもう一つ、すべての選択肢をいつも検証して、脈がないものはさっさと切り捨て、よりよい選択肢を追求するための時間をつくろう。

KEYWORDS　幸運　実験　意思決定

不合理な自分がイヤ

親愛なるダンへ
意思決定を少しでも合理的にするには、どうするのが一番いい？
ジョーより

一番いい方法かどうかわからないが、私がときどきやる方法で、君の役に立ちそうなものがある。私たちは何かを決定するとき、自分中心に世界を見ていることが多い。つまり自分の視点や特定の動機、その時々の感情にとらわれているんだね。

この視点から抜け出して、もっと冷静で合理的、客観的に状況をとらえるには、発想を転換して、「親友が自分と同じ状況にいたら、どんなアドバイスをしてあげるだろう」と考えるんだ。

たとえば私たちはある実験で、「一〇年来の主治医に高額の治療法を勧められたら、ほかの医師にセカンドオピニオンを求めるか」、と被験者に聞いてみた。するとほぼ全員がノーと答えた。次に、「友人が同じ状況にいたら、セカンドオピニオンを求めるよう勧めるか」と聞くと、ほとんどの人がイエスと答えたんだ。

これらの結果から、同じ医師に長い間かかっていると、医師との関係や義理を無視できなくなることがわかる。でも他人にアドバイスするときは、自分の感情をある程度切り離して大局的にものごとをとらえるから、セカンドオピニオンを得るという、よりよい行動を勧めることができるんだ。

この「アドバイス方式」が、意思決定を合理的にする一番いい方法かどうかはわからない（し、もちろん唯一の方法でもない）が、「自分以外の人、とくに自分の大切な人になら何とアドバイスするか」と考えるのは、私には役に立っている。

追伸　とすると、私自身はこの本のアドバイスをどう自分に活かすべきだろう……。

KEYWORDS　**意思決定　感情　外からの視点**

人間の意思決定の何割が不合理？

親愛なるダンへ

私たちが下す決定には不合理なものがあるけど、全体のうちのどれくらいが不合理なのかしら？

ジュリアンより

私が思うに、不合理な決定の割合より、そういう決定が私たちの暮らしや健康に与える影響の方が大事だな。たとえば運転中のメールを考えてみよう。私たちがそれをする確率はたった三％かもしれないが、それをすれば必ず自分や他人の命を危険にさらすことになる。だから本当に考えるべきなのは、不合理な行動をする確率じゃなく、不合理な行動が自分や周りの人たち、それに社会全般にどれだけの害を与えるかだろう。こういう視点から私たちの行動を見つめると、不合理な決定が生活全般におよぼす影響はきわめて大きいように思えるね。

KEYWORDS　意思決定　まちがい　後悔

自由意思って存在するの？

親愛なるダンへ

人の意思決定が環境によって大きく左右されるのなら、自由意思なんてものは存在しないことになりませんか？

マットより

そうでもあり、そうでもない。たとえば私がこれから毎日君の職場に朝一番に立ち寄って、君のデスクに揚げたてのドーナツをどっさり置いていくとしよう。一年後になって君の体重が大幅に増えていない可能性はどれくらいあるだろう？　私の推測では、ゼロに近いんじゃないかな。

いったん環境がととのうと、私たちはおおむねそれに見合った行動をとるようになる。とはいえ、現実の私たちは日々ドーナツの誘惑にさらされる必要はない。職場からドーナツ売りを締め出すことはできるし、より一般的にいうと、失敗の可能性を減らすように環境をととのえることはできるんだ。

私たちの自由意思が宿るのはそこだ。自分たちの強みを活かし、より重要なこととして、弱みを克服するような方法で環境をデザインする能力にこそ、自由意思がある。

KEYWORDS

意思決定　まちがい　長期的思考

自分はむしろ合理的すぎる気がする

親愛なるダンへ

先生は身のまわりのさまざまな誘惑に耐える方法について、いろいろ論じていますね。僕の質問は、同じ問題を逆から見たものです。

僕は長い目で見て自分のためになる合理的な決定を下すのが得意で、たいていの誘惑を避けることができます。でもたまに、このスキルを発揮しすぎてしまうときがあるんです。たとえば映画を見るか、仕事関連のプロジェクトを進めるかで迷ったら、たとえ気が乗らなくても仕事を選んでしまいます。どういうわけか、肩の力を抜いてテレビを見たり、友だちと遊んだりできないんです。そういうのは時間の無駄に思えて仕方ありません。

超生産的でいたいという、この欲求をどうしたらいいでしょう?

デイブより

君が説明してくれた感情は、何かを成し遂げ、前進し、重要な目標を達成し、状況をコントロールしたいという欲求だね。でも私たちはただのんびりして楽しみたいこともある。

ときには力を抜くことも必要だ。何かを達成したい、支配したいという欲求が強すぎるとき、ありのままの自分でいるにはどうすればいいだろう？ そんなときのおなじみの治療薬は、酒だ。そして楽しい週末を過ごしたあとは、寝る前にアスピリン二錠とたっぷりの水を飲むことを忘れずに。

KEYWORDS 楽しみ　自制心　幸福

アリエリー先生自身は合理的なの？

親愛なるダンへ

先生は意思決定や誰もがやりがちなまちがいについて研究を重ねているわけですが、よりよい決定を下せるようになりましたか？

オデッドより

たぶん。もしかしたら。ときどきはね。人が意思決定で犯しがちなまちがいを研究していると、人間の意思決定全般を省みるようにはなるが、だからといって自分の直感が鋭くなったようには思えないな。つまり、直感や勘に頼って何かを決めると、私もみんなと同じように失敗しやすい。

私に人よりうまくできることがあるとすれば、それは自分の決定をじっくり考えることだ。こういう（まれな）ケースでは思考プロセスがより意識的になるから、私のよく知っている意思決定の罠を多少は避けられるかもしれない。まあ、少なくともそう思いたいものだね。

もう一つ、意思決定の失敗を理解していてよかったと思うのは、習慣の大切さに気づいたことだ。習慣というのは、深く考えずにひとりでにする行動だから、よい習慣を身につければ自然とよい行動をとりやすくなる。だから私は食べ過ぎや貯蓄不足、運転中のメールといった、とくに自制が難しい問題については、ルールや習慣の力を借りるようにしていて、今のところそれでうまくいっているようだ。

そうそう、私の研究の多くは自分の不合理について考えることから始まるから、まちがいをしなくなったら転職しなくてはならないね。

KEYWORDS 意思決定 長期的思考 習慣

謝辞

多くの人たちが私を信頼してこれほど多くの質問を寄せてくれたのは、いろいろな意味で本当に光栄なことだった。何より、数々の質問をとおして、人がどんな問題やジレンマに困惑し手こずるのかについて、多くのことを学ばせてもらった。二つめの喜びはパズルを解くことにも似たもので、質問を分析、拡大し、そこに隠れているより大きな原則を明らかにして、それらについてわかっていること、わからないことを、社会科学の観点から検討することができた。三つめの満足として、もしかすると私の答えをおもしろく、役に立つと思ってくれる人がいるかもしれないという希望（たぶん甘い希望だが）をもてた。そして最後に、ごく限られた語数で自分の考えを表現することは、とても難しいがやりがいのあるチャレンジだった。

この本は、私がウォールストリート・ジャーナルに連載していたコラムがもとになっている。ウォールストリート・ジャーナルの紙面で編集者に謝意を述べたことは一度もなかったが、この本を書いたおかげで、彼らが差し伸べてくれた助けに感謝する機会ができた。彼らは二週間に一度、文章の書き方に始まり、アイデアをより明確に表現する方法、そしてもちろん締切を守る方法について、短いレッスンを授けてくれた。編集者のピーター・センガー、ウォーレン・バス、ゲーリー・ローゼンに、未編集の深い感謝を捧げる。

この本には過去にウォールストリート・ジャーナルに掲載された内容が含まれているため、いつもより多くの弁護士が製作に関わっている。ウォールストリート・ジャーナルの弁護士に、版元であるハーパーコリンズの弁護士が加わり、おまけにこの本の収益は社会科学研究の支援に充てられるというややこしさで、誰もが気がおかしくなりそうな条件がそろっていた。弁護士の面々にあえて謝意は表さないが、著作権代理人のジム・リヴァインとリヴァイン・グリーンバーグ・ロスタンのチームには、万難を排してこのプロジェクトを実現に導いてくれたことに感謝したい。クレア・ワクテル率いるハーパーコリンズのチームにも、助力と好意、忍耐心をもってとりくんでくれたことにお礼申しあげる。

この仕事は、ウィリアム・ヘイフェリの貢献がなければここまで楽しくならなかったし、こんなに楽しく読める本にはならなかった。私たちは最初、二人の共同作業がうまくいくかどうかをたった一枚の挿絵で試しながら、慎重に協力関係を始めた。でも二人が多くの問題についてとてもよく似た見方をもっていること、また読者の質問と私の回答、ウィリアムの洞察に満ちた解釈の間の駆け引きが楽しんでいることがすぐ明らかになった。私の回答に挿絵を提案するウィリアムのメールが来なくなって、すでに寂しさを感じている。

私の外部メモリ、手足、分身となってはたらいてくれたミーガン・ホガティに、限りない感謝を捧げる。彼女はいつも的確なアドバイスをくれ、私がそれに従うよう見届けてくれた。そして本書の内容を整理、選別、改良し、製作作業を協力的で楽しいものにしてくれた、マット・トラウワーとアリーン・グリューナイセンにも感謝したい。

最後に、最愛の妻スミがいなければ私はどうなってしまうだろう？　私がカップルに関して与えられる最良のアドバイスは、重要な点で尊敬し模範にできる人を見つけ、人間として成長しその人に追いつけるように、残りの人生をかけて努力すべきだということだ。このアドバイスを実践してきた私は、そうすれば夢のような人生を送れることを身をもって証明している。

私は世界中を旅し、自分の研究について話し、耳を傾けてくれそうな人にアドバイスをしながら多くの時間を過ごしている。こんな生活を送っている人間はエゴが肥大化しがちだ。でも家に帰ると、真の知性、親切、寛容について、まだまだ学ぶ必要があることをすぐに痛感するんだ。

愛をこめて、ダンより

日本語版付録――成毛眞・三谷宏治からの質問

親愛なるダンへ

iPhoneやiPadの新モデルが発売されるたびに、つい買ってしまいます。アップルはどんな魔法を使っているのでしょうか。この悪癖をやめる方法があるのでしょうか。助けてください。

成毛眞より

ご質問ありがとう。あなたはiPhoneやiPadなどの愛用者として、アップル製品の機能を知り尽くしていて、新しい機能にもとても敏感なはずです。簡単にいうとアップルがねらっているのは、あなたのもっていない新しい機能があるってことを、何とかしてあなたに知ってもらうことなんですね。タップやらクリックやらのすてきな機能があって、世のなかの人たちがこれからそれを使おうとしているのに、あなたはまだそれをもっていない。もしあなたがアップルのファンでないのなら、そんなこと別にどうってことありません。でも現実問題としてあなたはアップル製品を毎日使っているから、いわゆる「予期後悔」と「後悔回避」をすることになる。新機能を満喫しているバラ色の未来と、そうでない陰鬱な未来をいやでも比べてしまい、後悔を回避するために店に急ぐというわけです。

おまけにアップルは宣伝を通じて、大きいサイズや新しいタイプのディスプレイを使えば未来が変わる、なんていう期待をつくり出すのがとてもうまいんです。そういう宣伝は頭から離れなくなり、あなたは寝ても覚めてもそのことを考え、それがほしくてたまらなくなる。

では、予期後悔の魔法を防ぐ手立てはあるでしょうか？　また一般に、期待や宣伝の魔法を解く方法は？　答えをいってしまうと、あなたがニュースを読み続け、アップルの新機能を気にし続ける限り、なすすべはありません。

でも、自分にルールを課すことはできます。新しい機能やデバイスは、発売から六カ月、まぁ三カ月経たないと購入しない、なんてルールを設けるんです。こんなルールがあれば急《せ》くこともなくなります。問題解決にはなりませんが、少なくとも新製品にいちいち飛びつかずにすむんじゃないでしょうか。幸運を祈ります。

＊＊＊

親愛なるダンへ

ご著書、『予想どおりに不合理』以来愛読しています。毎回、「行動経済学」の応用範囲の広さに驚くばかりです。でも、やはり向き不向きがあるようにも感じます。「行動経済学」の適用領域として、もっとも向かない領域やテーマはなんだと思われますか？

ちなみに私は長年経営コンサルタントとして働いていました（ボストンコンサルティンググループで9年、アクセンチュアで10年）が、経営戦略論を妻の購買行動にあてはめると、ときどき叱られます。

三谷宏治より

私の本を読んでくれてありがとう。まずは行動経済学が一番向いている領域を考えましょう。行動経済学は私たち人間が何かの決定を下すとき、とても助けになります。決定について考えるときも、反射的に行動するときも、行動経済学の観点から考えるといろんな気づきがあるし、人にもよいアドバイスができる。興味深いことに、私たちは人生や生活の多くの面で、毎日山ほどの決定を下しています。だからこそあなたのいうとおり、また私が日々研究を通じて痛感しているように、行動経済学は適用範囲が広いんですね。

そんなわけであなたの質問に答えると、行動経済学が向かないのは、普通の人間の行動や決定とは関係のないものごとですね。たとえばアンチロック・ブレーキシステム（ABS）を改良する、なんてときにはあてはめようがない。グーグルのオークションのアルゴリズムやら、クラウドコンピューティングのしくみやら、私たちの気づかないうちにものごとのしくみを陰で変えてしまうテクノロジーは、行動経済学が扱う領域じゃないし、大して役に立てないんです。

最後に、奥さんに経営戦略論をあてはめるという暴挙に出るなんて、あなたはきっと新婚ほやほやにちがいない。冗談はさておき、行動経済学は人間関係にもとてもよくあてはまるし、結婚生活や夫婦の問題についてもいろいろなことを教えてくれます。この本でもそういった質問をたくさんとりあげたので、参考にしてもらえると嬉しいです。幸運を祈ります。

KEYWORDS

本書は、二〇一六年五月に早川書房より単行本として刊行された『アリエリー教授の人生相談室——行動経済学で解決する100の不合理』を改題・文庫化したものです。

訳者略歴　翻訳家　京都大学経済学部卒，オックスフォード大学大学院で経営学修士号を取得　訳書にフリードマン『100年予測』，アリエリー『不合理だからうまくいく』『ずる』，マグレッタ『〔エッセンシャル版〕マイケル・ポーターの競争戦略』，プライス『ピクサー　早すぎた天才たちの大逆転劇』（以上早川書房刊）ほか多数

HM=Hayakawa Mystery
SF=Science Fiction
JA=Japanese Author
NV=Novel
NF=Nonfiction
FT=Fantasy

「行動経済学《こうどうけいざいがく》」人生相談室《じんせいそうだんしつ》

〈NF517〉

二〇一八年二月二十日　印刷
二〇一八年二月二十五日　発行
（定価はカバーに表示してあります）

著者　ダン・アリエリー
訳者　櫻《さくら》井《い》祐《ゆう》子《こ》
発行者　早川浩
発行所　株式会社早川書房

郵便番号　一〇一－〇〇四六
東京都千代田区神田多町二ノ二
電話　〇三－三二五二－三一一一（大代表）
振替　〇〇一六〇－三－四七七九九
http://www.hayakawa-online.co.jp

乱丁・落丁本は小社制作部宛お送り下さい。
送料小社負担にてお取りかえいたします。

印刷・三松堂株式会社　製本・株式会社明光社
Printed and bound in Japan
ISBN978-4-15-050517-2 C0133

本書は活字が大きく読みやすい〈トールサイズ〉です。